Ludwig Geiger

Über Melanthons Oratio continens historiam Capnionis

Eine Quellenuntersuchung

Ludwig Geiger

Über Melanthons Oratio continens historiam Capnionis
Eine Quellenuntersuchung

ISBN/EAN: 9783743632691

Hergestellt in Europa, USA, Kanada, Australien, Japan

Cover: Foto ©ninafisch / pixelio.de

Weitere Bücher finden Sie auf **www.hansebooks.com**

UEBER
MELANTHONS ORATIO
CONTINENS
HISTORIAM CAPNIONIS.

EINE QUELLENUNTERSUCHUNG

VON

LUDWIG GEIGER,
DR. PHIL.

FRANKFURT a/M.,
JOSEPH BAER.
1868.

Meinem Vater

in treuer Liebe.

Vorbemerkung.

Nachfolgende Arbeit war im Wesentlichen vollendet, als mir durch die Güte des Herrn Prof. Waitz ein Aufsatz des Herrn Prof. Oehler in Tübingen über Reuchlin zukam. Er brachte vieles bei, was ich im Gegensatz zu früheren Annahmen zuerst geltend gemacht hatte. Dadurch wurde ich veranlasst, Vieles umzuändern, Einiges, was ich von Oehler genügend dargelegt glaubte, ganz zu streichen, bei Allem auf ihn Rücksicht zu nehmen. Die treffliche Arbeit hat im Wesentlichen das bestätigt, was ich für das Richtige halte, wenn sie auch nur bei einigen Hauptpunkten verweilte, das Meiste, auf das ich Rücksicht zu nehmen hatte, nur im Vorbeigehn oder gar nicht berührte. Aus diesem Grunde wird, wie ich hoffe, meine Arbeit ein nicht ganz unnützer Beitrag sein. Zu dieser Hoffnung hat mich namentlich auch der Zuspruch meines hochverehrten Lehrers, des Herrn Prof. Waitz in Göttingen gebracht, dem ich dafür, wie für die übrige mannigfache Förderung in meinen Studien meinen tiefgefühltesten Dank ausdrücke. Noch kann ich nicht unterlassen zu erwähnen, dass ich den Herren Oberstudienrath und Oberbibliothekar Dr. Stälin in Stuttgart, Prof. Lamey in Carlsruhe, Prof. Kern in Freiburg für ihre freundlichen Mittheilungen und Bemühungen zu grossem Dank verpflichtet bin.

Frankfurt a. M. 18. März 1868.

Ludwig Geiger.

I.

Verfasser der Rede. Allgemeine Würdigung des Verhältnisses von Melanthon zu Reuchlin.

Im Jahre 1552 erschien zu Wittenberg eine Oratio continens historiam Joannis Capnionis Phorcensis, recitata a Martino Simone Brandeburgensi. Recitare heisst vortragen, und man mochte glauben, dass der Vortragende, da ausser ihm kein andrer als Verfasser genannt war, die Rede selbst verfasst hätte. Martin Simon war damals decanus Collegii Philosophorum [1]). Er lebte seit dem Ende der vierziger Jahre in Wittenberg [2]), hatte sich dort einen Hausstand gegründet und mit der Tochter des Lorenz Gessner verheiratet. Schon damals stand er in freundschaftlichen Beziehungen zu Melanthon. In einer Angelegenheit, die nicht näher zu bestimmen ist, erbat er sich von diesem einen Brief [3]) an Johann Weinlaw, Kanzler des Churfürsten

---

[1]) Bretschneider in Corpus Reformatorum VII, 664 Anm. * beweist dies ex Scriptis publicis Acad. Viteb.

[2]) Das schliesse ich aus einem gleich näher anzuführenden Brief Melanthons (1550?), wo er sagt: Mart. Sim. qui in nostro oppido habitat, wie man doch wol nur von Jemand sagen könnte, der seinen festen, schon einige Zeit dauernden Aufenthalt daselbst gehabt hatte.

[3]) Der Brief steht Corp. Ref. a. a. O. (s. A. 1) und schon früher in demselben C. R. III, 783, mit der Bemerkung: Wegscheider putat, scriptam esse hanc epistolam a. 1539 unter den Briefen des Jahres 1539, ohne dass Bretschneider es für nöthig gefunden hätte, an der zuerst angeführten Stelle, wo er den Brief ins Jahr 1550 setzt und nochmals abdruckt, auf die andere Stelle zu verweisen! Warum diese Setzung ins Jahr 1550 geschieht, ist nicht recht

von Brandenburg, den Melanthon gewährte, und seine Bitte warm unterstützte. Sonst weiss ich nichts von ihm zu sagen, ob er sich irgendwie literarisch ausgezeichnet, was und ob er überhaupt als Lehrer gewirkt hat, kann ich nicht finden. Nur das Eine scheint klar, dass er als Dekan der philosophischen Fakultät wol hätte im Stande sein müssen, eine selbstgefertigte Rede zu halten und nicht nöthig hatte, eine von einem Anderen geschriebene vorzutragen.

Nichtsdestoweniger ist die Rede bereits in die älteste, schon zu Lebzeiten Melanthons veranstaltete Sammlung seiner Reden aufgenommen, diesem zugeschrieben, und so in den späteren, auch in der neuesten Ausgabe wiederholt worden [1]). Ueberhaupt sehe ich nur, dass ein Einziger von denen, die diese Rede ausschliesslich benutzt haben, Johannes Bismark [2]) an einer Stelle den Martin Simon als seinen Gewährsmann anführt, ohne dass man deswegen behaupten könnte, er habe diesen wirklich für den Verfasser gehalten, denn bei Anführung einer anderen Stelle nennt er Melanthon als solchen [3]). Von den Neueren nennt

---

ersichtlich. Die von Bretschneider in der Anmerkung veröffentlichte Stelle, aus der hervorgeht, dass die Frau Martin Simons am 7. Mai 1559 bei der Geburt des achten Kindes starb, kann doch nur beweisen, dass die Verheiratung spätestens 1550 stattfand, warum aber nicht früher? Das Datum des Briefes wird sich aber nach dieser Zeitbestimmung zu richten haben, da in demselben die Frau Martins erwähnt, der Brief also erst nach der Verheiratung geschrieben ist.

1) Corp. Ref. XI col. 999—1010. Ich werde nach dieser Ausgabe als der bekanntesten und zuverlässigsten citiren.

2) Vita et Res Gestae Praecipuorum Theologorum . . . . a Johanne Bismarco . . . Liber primus. Continens vitam et res gestas Theol. Viteb. . . . Halae Saxonum 1614 D 3ᵃ fg. Auf die Verwechselung Bismarks, dass Reuchlin in Wittenberg gewesen sei, obgleich in der Lebensgeschichte Reuchlins, die gleichfalls in Redeform gekleidet ist, der Aufenthalt R.'s in Wittenberg nicht direkt erwähnt wird, hat schon Köhler, Beyträge zur deutschen Literatur- u. Kunstgeschichte 1794 II. S. 11 aufmerksam gemacht.

3) secundum Mart. Sim. Brandeb. . . . und Melanchthone teste.

nur Ullmann [1]), wo er von dieser Rede spricht, den Martin Simon.

Entscheidend ist, dass Melantcon selbst die Rede für sich in Anspruch nimmt. Er schickt sie seinem Freunde Joachim Camerarius und bittet ihn, verschiedene Exemplare derselben an andere Freunde zu vertheilen [2]). Er übersendet sie anderen Fremden nach verschiedenen Orten, an Johannes Stigelius, Michael Meienburg, Peter Vincentius, Burkhard Mithobius, Ambrosius Moibanus. Während er bei den Einen die Zusendung mit keiner Empfehlung begleitet [3]), bittet er Andere, sie fleissig zu lesen und hofft, es werde ihnen keine unangenehme Lektüre sein [4]). Nur an Camerarius und Vincentius schreibt er einige Worte mehr darüber. Die Rede sei kurz, schreibt er an ersteren, und er wolle dagegen weder in der Kürze der Zeit, noch in der Traurigkeit des Gemüths Entschuldigung suchen [5]), und den Vincentius bittet er [6]), die kurze und geschmacklose Rede des der Kenntniss würdigen Inhalts wegen und aus Liebe zu ihm

---

[1]) Reformatoren vor der Reformation II S. 359 Anm. 2.

[2]) Nur auf diese Stelle hat Strobel, Miscellaneen 5 S. 162 aufmerksam gemacht. Dabis Pastori, Alesio, Baldasaro, Wolfgango. Misi hodie et genero tuo. s. u. Anm. 4.

[3]) 13. Juli 1552. Mitto vobis pagellas, in quibus est Capnionis historia. Corp. Ref. VII col. 1028 nro 5150 und 19. Juli. Mitto tibi orationem de Capnione das. col. 1033 nro 5157.

[4]) ohne Dat. Mitto tibi historiam Capnionis, quam diligenter legito das. col. 1029 nro 5151 und 25. Juli Mitto tibi orationem D. Capnionis (!), cuius lectionem spero tibi non insuavem fore. das. col. 1042 nro 5167.

[5]) ohne Dat. Nunc mitto exempla historiae Capnionis, satis tenuiter scriptae. Nec utar excusatione moestitiae aut brevitate temporis das. col. 1043. nro 5168.

[6]) Mitto vobis. historiam Capnionis, brevi et squalida oratione recitatam, quam tu quidem propter res cognitione dignas et mei amore leges avide. Sed me profecto pudet, tibi, viro eloquenti, tam ieiunas pagellas mittere. Nec eo me excuso, quod in his nostris occupationibus subito haec effundo, seu quid his miseris temporibus moestitia alias cogitationes impedit, sed agnosco meae naturae imbecillitatem das. col. 1030 nro 5153.

zu lesen, obwol er sich fast schäme, ihm dem beredten Manne so nüchterne Blättchen zu schicken, und bei beiden fügt er das Dichterwort hinzu, dass die missgünstige Natur ihn in enge Bande geschlagen und geringe Kräfte des Geistes verliehen habe [1]).

Fassen wir die Stellen zusammen, so ist es nicht möglich, an der Autorschaft Melanthons zu zweifeln. Mag es auch auffallen, dass die Rede einen, ich möchte sagen, so objektiven Charakter an sich trägt, so gar Nichts von einer subjektiven Färbung enthält, die bei Melanthon als nahem Verwandten Reuchlins, dem er in seiner Erziehung und Bildung unendlich viel verdankte, fast nothwendig erscheinen möchte: es erklärt sich dies daraus, dass sie für den Vortrag eines Anderen geschrieben wurde.

Auch von einer Mitthätigkeit Simons, an die man allenfalls denken könnte, erwähnt Melanthon in den angeführten Stellen nichts; die Verantwortung für Alles in der Rede Enthaltene wird daher Melanthon allein zu treffen haben.

Was die Zeit der Abfassung betrifft, so hat die älteste Ausgabe der Rede keine nähere Zeitbestimmung als das Jahr 1552. Zum ersten Male erwähnt Melanthon die Rede am 30. Juni; er verspricht dem Matthäus Collin dieselbe zu schicken, sobald sie gedruckt sein werde [2]). Die nächsten Tage brachten die Vollendung des Drucks, schon am 13. Juli versendet Melanthon die ersten Exemplare [3]). Wann sie gehalten worden ist, lässt sich nicht bestimmen; vielleicht ist die Vermuthung erlaubt, sie auf den 30. Juni, als auf den Todestag Reuchlins zu verlegen.

---

[1]) Invida me spaciis natura coërcuit arctis, und bei dem Einen fügt er noch hinzu:
  Ingenii vires exiguasque dedit.
[2]) Orationem de Capnione mittam, quam primum potero. Nunc enim a typographis nondum edita erat. Nro 5140. col. 1018.
[3]) s. o. S. 9 Anm. 3.

Wie gering Melanthon den Werth seines Werkes anschlug, haben wir oben gesehn ¹). Sollte es blosse Bescheidenheit gewesen sein, die das Lob der Freunde herausforderte? Ich glaube nicht. Erwägt man das Verhältniss Reuchlins zu Melanthon, so müsste man erwarten, dass dieser zu seiner Zeit der Geeignetste gewesen wäre, um über Reuchlin zu schreiben. Durch verwandtschaftliche Bande war der Jüngling mit dem Mann verknüpft ²), von der frühen Jugend seines Grossneffen an blickte der berühmte Mann mit inniger Theilnahme auf ihn hin und noch wir erfreuen uns an dem schönen Wechselverhältniss, das in Ernst und Scherz zwischen Beiden stattfand. In unmittelbarster Nähe Reuchlins verlebte Melanthon einen Theil seiner Jünglingsjahre; ein ununterbrochener Verkehr fand zwischen Tübingen und Stuttgart statt. Dann erhielt der „Lehrer Germaniens" durch Reuchlin's Vermittelung den Ruf nach Wittenberg, ein für sein ganzes Leben so entscheidender Moment. Es ist rührend zu lesen, wie Reuchlin dem Churfürsten Friedrich, der ihn gebeten hatte, selbst nach Wittenberg zu kommen, um Griechisch und Hebräisch zu lehren, die Bitte abschlägt und dafür seinen „gesippten Freund" Melanthon empfiehlt: „Aber Gott wollte, dass ich es in eigner Person, Leibes und Alters halben, zu thun vermöchte, so wollte ich Ew. F. G. zu Ehren und Gefallen in beiden Sprachen, griechischer und hebräischer selbst den Anfang und den Zulauf aus andern Ländern machen. So mir aber der Weg zu fern und zu schwer ist, will ich Ew. F. G. und die löbliche Universität nichts desto minder mit meinem lieben Vetter obgedacht, Meister Philipps Schwarzerd von Bretten sehr wohl versehen. Er wird auf E. F. G. gut Vertrauen und meinen Befehl gen Wittenberg kommen,

---

¹) s. S. 9 Anm. 6.
²) Mel. war der Sohn der Barbara Reuter, diese eine Tochter der Elisabeth, der Schwester Reuchlins. Eine übersichtliche Zusammenstellung s. bei Lamey: Johann Reuchlin. Eine biographische Skizze. Pforzheim 1855. S. 94.

der Hoffnung Nutz zu schaffen und Ehre einzulegen der Stadt und der hohen Schule [1]." Melanthon folgte dem Willen des „geliebten Vaters", und noch beim Scheiden segnet ihn dieser mit dem Segen Gottes an Abraham: Ziehe hin aus deinem Lande, von deinen Verwandten und von dem Hause deines Vaters, und gehe in ein Land, welches ich dir zeigen werde. Da will ich dich machen zu einem grossen Volke, und will Dich segnen und Deinen Namen gross machen [2]. Und zum Schluss ruft er ihm zu: Sei muthig, nicht ein Weib, sondern ein Mann! Der Prophet gilt nichts in seinem Vaterlande [3].

Aber die weitere Verbindung entsprach diesem Verhältnisse wenig. Ich finde nur einmal einen Gruss, den Melanthon durch Pirkheimer an Reuchlin bestellen liess [4]), dann einen Brief vom 28. März 1520 [5]) an Reuchlin als Antwort auf einen Brief Reuchlins vom 12. Jan. 1520 [6]), der wenig mehr als eine Ablehnung der Aufforderung Reuchlin's, zu ihm nach Ingolstadt zu kommen enthält, dann folgt noch einmal eine merkwürdige Notiz, dass ein Freund Reuchlin's ihn (Mel.) in dessen Namen gebeten habe, in diesen schweren Zeiten nicht an ihn zu schreiben [7]), — von da an ist Alles still. Das hätte Reuchlin, — und hätte er selbst, wie Melanthon später angab, seine reformatorische Wirksamkeit ungern gesehen und ihm deshalb die ihm zugesagte Bibliothek entzogen [8]) — aber wahrlich nicht ver-

---

[1]) 7. Mai 1518. Corp. Ref. I. col. 29 sq. nro 14.
[2]) 24. Juli 1518. a. a. O. I, col. 32. nro 16.
[3]) sis infracto animo, non mulier sed vir. Non est acceptus propheta in patria sua. a. a. O.
[4]) 21. Febr. 1519. Amicissime tu quoque Capnioni me, si quando ad illum scribis, commendabis. Corp. Ref. I, col. 67. nro 33.
[5]) das. col. 149 fg. nro 66.
[6]) a. a. O. Anm. **.
[7]) G. Spalatino. Ex Ingolstadtio scripsit ad me quidam amicus de Capnione satis multa. Rogat Capnio, ne quid ad se in ista rerum tempestate scribam. 21. März 1521. C. R. I. col. 363. nro 106.
[8]) G. Spalatino. 1523. De Capnionis bibliotheca ipse nuper adeo

dient, dass sein Tod auch nicht mit einem Worte in den zahlreichen Briefen, die Melanthon in diesem Jahre schrieb, erwähnt, sein Hinscheiden auch nicht mit einer Silbe der Anerkennung betrauert würde. Und wahrlich, es ehrt den Mann nicht, der ein gut Theil seiner ganzen Bildung und somit die Anleitung und Grundlage zu dem, was er später geworden ist, Reuchlin verdankte, dass er ein Jahr nach dem Tode dieses Mannes ausrufen konnte: Von Reuchlin habe ich mir niemals mehr als gewöhnliche Dienste versprochen, obwol eine alte Freundschaft zwischen meiner und seiner Familie bestand, und da er mich sogar sehr zu lieben schien [1]). Und während Erasmus sich beeilte in seinen 1524 herausgegebenen Gesprächen eine Verherrlichung Reuchlins erscheinen zu lassen [2]), in der er Reuchlin neben

---

rescivi, quid constitutum sit. Legata est collegio sacerdotum Phorcen. Fuit ea urbs, quod scis opinor, patria Capnionis, quam voluit hoc sui monumento, quantum intelligo, inprimis ornatum esse. Mihi eandem, nec sine teste, promisit, et beneficium verbis est initum. Verum quae fuerit mutandi consilii causa, suspicari vix possim. Qui mihi excusant factum aiunt, Lutherano nomine, cuius esse me studiosum non nego, alienatum. C. R. I, col. 646. nro 264.

[1]) Ego praeter vulgaria officia nihil unquam de Capnione mihi pollicitus sum, tametsi et amicitia nostris vetus sit cum illius familia, et me diligere etiam impense videretur. a. a. O.

[2]) Apotheosis Reuchlini. De incomparabili heroe Joanne Reuchlino in divorum numerum relato unter den Colloquia familiaria in Opera ed. Lugduni Batavorum 1703, I, col. 689—692. Auf eine Würdigung des viel besprochenen und gewiss nicht immer richtig dargestellten Verhältnisses zwischen Erasmus und Reuchlin kann es hier nicht ankommen. Nur was diese Apotheosis betrifft, fühle ich mich verpflichtet, einen Vorwurf zurückzuweisen. Wenn A. Wolters: Conrad von Heresbach und der klevische Hof zu seiner Zeit. Nach neuen Quellen geschildert. Elberfeld 1867. sagt S. 18: „Erasmus setzte sich nicht gern Unannehmlichkeiten aus, weshalb er auch erst ganz spät 1524, als der Papst sich für Reuchlin entschieden hatte und gar nichts mehr dabei zu besorgen war, eine Apotheose desselben veröffentlichte", so ist dies ein ganz schiefes Urtheil. Von einer Versetzung Reuchlins unter die Heiligen konnte doch füglich selbst von seiten seines besten Freundes nicht die Rede sein, ehe Reuchlin

Hieronymus seine Stelle unter den Heiligen einnehmen liess, hat Melanthon 30 Jahre verstreichen lassen, ehe er die Erinnerung an seinen Lehrer, Verwandten und Freund aufzufrischen für gut fand!

Schon das ist ein Umstand, auf den viel Gewicht gelegt werden muss: der Berichterstatter, dessen Angaben hier critisch untersucht werden sollen, steht den Ereignissen, die er erzählt, ziemlich fern. Was lag nicht Alles zwischen dem Jahr 1518, in dem Melanthon Tübingen verliess und damit sich auf immer von der Nähe Reuchlins entfernte und dem Jahre 1552, aus dem die Rede datirt! Ereignisse von der grössten welterschütternden Bedeutung, die wol die Erinnerungen der Knaben- und Jünglingszeit vernichten oder wenigstens stark in den Hintergrund drängen konnten. Melanthon deswegen zu tadeln wäre unbillig, aber mit Nachdruck ist darauf hinzuweisen, denn es ist erklärlich, wie schon aus diesem Umstand allein sich Unrichtigkeiten, Schiefheiten, Verwirrungen ergeben. Das haben aber die Früheren in den wenigsten Fällen bemerkt, und namentlich nie versucht, einer Biographie Reuchlins eine critische Untersuchung und Würdigung dieser ersten

---

gestorben war, und Reuchlin starb erst 1522. Eine völlige Entscheidung des Papstes für Reuchlin ist überdies nie eingetreten, und von Seiten der päpstlichen Curie ist schon in dem mandatum de supersedendo 1516 der letzte Schritt geschehen. Dass darin keine »Entscheidung für R.« lag, ist bekannt; hätte Erasmus auf diese warten wollen, so hätte er seine Apotheose wol nie veröffentlichen können. Ob Ochler das Richtige trifft, wenn er sagt Artikel Reuchlin in Encyklopädie des gesammten Erziehungs- und Unterrichtswesens hrsg. v. Dr. K. A. Schmid. Gotha 1867. 61. u. 62. Hft, S. 136: »Auch Erasmus, der dem Lebenden gegenüber, dessen jüdische Liebhabereien ihm widerwärtig waren, eine etwas kühle Haltung beobachtet, von seinem Streit mit den Kölnern sich möglichst fern gehalten hatte, schrieb jetzt seine Apotheosis Capnionis«, bezweifle ich sehr. Weder Hutten, noch Mutian u. A. waren von den jüdischen Liebhabereien R.'s sehr entzückt und dennoch eifrige Reuchlinisten; der Grund der Theilnahmlosigkeit des Erasmus lag denn doch in etwas Anderem.

zusammenhängenden Erzählung über Reuchlin voraufgehn zu lassen.

In der folgenden Untersuchung will ich nach einer Prüfung der chronologischen Angaben die Mängel der Rede in der Weise zeigen, dass ich die nicht erwähnten Ereignisse kurz berühre, die Thatsachen aufweise, die in falschen Zusammenhang gebracht sind und die sonstigen Unrichtigkeiten berichtige; andrerseits werde ich Vorwürfe, die der Rede mit Unrecht gemacht sind, widerlegen und eine allgemeine Beurtheilung zu geben versuchen; um schliesslich im Einzelnen das Verhältniss zu zeigen, in welchem die, die später das Leben Reuchlins behandelt haben, zu unserer Rede und deren Angaben stehn.

II.
Chronologische Angaben.

Am leichtesten konnten Jahreszahlen dem Gedächtniss entschwinden, und es ist daher kein Wunder, dass sie in der Rede Melanthons so gut wie ganz fehlen. Nur zwei positive Angaben finden sich und diese beiden sind falsch.

Es handelt sich zunächst um das Todesjahr Reuchlins. Melanthon berichtet, Reuchlin sei im Jahre 1521 über 70 Jahre alt gestorben [1]). Beides ist unrichtig. Wäre es richtig, so müsste Reuchlin im Jahre 1450 [2]), oder gar noch früher geboren sein. Das lässt sich in keiner Weise behaupten. Die einzige Nachricht, die Reuchlin selbst über sein Geburtsjahr gibt, ist 1455 [3]). Dem steht nur schein-

---

[1]) col. 1009: iam egressus septuagesimum annum morbo icterico laborare cepit, ac paulatim languefactus Stutgardiae in sua domo anno 1521 ex hac vita decessit.

[2]) In dieses Jahr wird Reuchlins Geburt wirklich gesetzt von Gerdesius, Introductio in historiam evangelicam saec. XVI. tom. I. p. 138: Phortzhemii A. 1450 natus.

[3]) anno aetatis meae quinquagesimo quinto tunc praesto aderat

bar gegenüber, dass Crusius 1454 sagt ¹), denn da er zuerst das Datum 28. Dec. hinzufügt, so gehört das eigentlich schon, da der Anfang des Jahres von Weihnachten an gerechnet wurde, ins folgende Jahr. Crusius folgend hat Melchior Adam als einzige selbständige von Melanthon unabhängige Angabe über Reuchlin in seinen vitae philosophorum den 28. Dec. 1454, vielleicht aus ihm geschöpft. Herzog in seinen Nachrichten über die Universität Basel, der die falsche Nachricht Anderer, die das Geburtsjahr 1458 und gar 1459 setzen, — wer damit gemeint sei, vermag ich nicht anzugeben — erwähnt ²). Dagegen geben Mayerhoff ³), Erhard ⁴), Lamey ⁵) den 28. Dec. 1455 an. Meiners ⁶) sagt, sich nur an die obenerwähnte eigene Notiz Reuchlins anschliessend, 1455 ohne nähere Tagesbestimmung.

Begnügen wir uns einstweilen mit dem feststehenden Jahre 1455, so hätte Reuchlin, wäre er im Jahre 1521 gestorben, noch nicht das 66. Jahr erreicht, wäre in keinem

---

Climacterici a natali meo qui fuit Christi MCCCCLV in annum MDX. Reuchlin an Cuspinian 1512 in: Epistolae illustrium virorum Hagenoae 1519 l. 2ᵃ.

¹) Annales Sueuici 1595 pars III. lib. VII. cap. XI. p. 402. Hier steht freilich 1445. Schon Maius, vita Reuchlini p. 140 bemerkt: .. 1445, nisi forte mendum irrepsit et scribere voluit 1454, was Mayerhoff, Johann Reuchlin und seine Zeit. Berlin 1830 S. 3 A. 2 nicht hätte entgehen dürfen. Von einem Zweifel, wie Mai es noch hinstellt, dass Crusius wirklich 1454 habe schreiben wollen, kann aber gar nicht die Rede sein, da vor und hinter der Angabe über das Geburtsjahr Reuchlins nur Ereignisse aus dem Jahr 1454 stehn.

²) Athenae Rauricae sive Catalogus professorum academiae Basiliensis. p. 251. »alii annum 1458 vel 1459 ejus natalem fuisse perhibent.«

³) a. a. O. S. 3.

⁴) Geschichte des Wiederaufblühens wissenschaftlicher Bildung vornehmlich in Teutschland. II. S. 149.

⁵) a. a. O. S. 5.

⁶) Lebensbeschreibungen berühmter Männer aus der Zeit der Wiederherstellung der Wissenschaften 1. Bd. S. 46.

Falle, wie Melanthon behauptet, über 70 Jahre alt gewesen. Nun fällt aber sein Tod gar nicht ins Jahr 1521, sondern 1522 und zwar auf den 30. Juni, und folgt man der weiteren Angabe von Reuchlins Alter bei seinem Tode, die sich in der unzweifelhaft ältesten Notiz darüber findet, so stellt sich als Geburtsjahr und Tag nicht der von Crusius angegebene und von den übrigen befolgte, sondern der 22. Febr. 1455 heraus, was, als das mit der ältesten Nachricht übereinstimmende den entgegenstehenden Angaben vorgezogen werden dürfte [1]).

Die zweite Zahlenangabe Mel's [2]), auf die ich kein grosses Gewicht legen will, ist, dass nach ihm R. jam ingressus annum vicesimum von Paris nach Basel gegangen ist. Soll das bedeuten, R. sei schon 20 Jahre alt gewesen, so ist das falsch [3]); es mag indess auch heissen, er sei im 20. Jahre gewesen.

---

[1]) Die Angaben sind aus einer alten Notiz, die Maius fand, zu entnehmen p. 520: Vixit Capnion ann. LXVII mens. IV di. VIII abivit hinc ann. chr. MDXXII Men. Jun. di. XXX. Ich führe hier die vielleicht kleinlich erscheinende, aber nothwendige Rechnung aus:

1521 Jahre 5 Monate 30 Tage
67 „ 4 „ 8 „
─────────────────────────
1454 „ 1 „ 22 „

also 22. Febr. 1455. Dass weder Maius bemerkt, dass, falls man 1454 28. Dec. annimmt, ein Lebensalter von 67 J. 6 M. 2 T. herauskäme, noch die Späteren, dass bei der Annahme von 1455 28. Dec. wir nur 66 J. 6 M. 2 T. erhalten, ist schlimm genug, da durch eine so einfache Rechnung das Richtige hätte festgestellt werden können. Beiläufig bemerke ich noch, dass nach der Bezeichnung jener Zeit 1455 28. Dec. doch schon in's Jahr 1456 gehört und dass damit Reuchlins positives Zeugniss nicht stimmen würde.

[2]) a. a. O. col. 1002.

[3]) Denn er wurde bereits 1474 in Basel immatrikulirt: Herzog Athenae Rauricae, a. a. O. Nach Brucker: Historia critica Philosophiae a tempore resuscitarum in occidente literarum ad nostra tempora. Leipzig 1743. Tom. IV. Pars I. p. 357 sqq., der die auf Reuchlins Baseler Aufenthalt bezüglichen Nachrichten von dem dortigen Gelehrten Jacob Christophorus Iselius zu haben versichert, wurde R.

Andere Zahlenangaben finden sich nicht. Für alle übrigen Ereignisse müssen Flickwörter „einige Jahre", „nicht lange darauf" u. s. w. aushelfen.

In Paris — für den Zeitpunkt, wann er dahingekommen, fehlt bei Mel. die nähere Bestimmung — soll R. einige Jahre zugebracht haben [1]. Das ist in jedem Falle falsch. Reuchlin gibt selbst an, er sei 1473 nach Paris gekommen [2]), ebenso steht urkundlich fest, dass er bereits im folgenden Jahre in Basel sich aufhielt [3]), — woher also die aliquot anni? Das Ganze ist eine Verwechselung. Denn während Mel. Reuchlin von Basel direkt nach Orleans reisen lässt [4]), ist er vordem zum zweiten Male in Paris gewesen, was Mel. ganz mit Stillschweigen übergeht. Auf Mel.'s Autorität hin ist die Sache von den Späteren vielfach verwirrt worden [5]), doch hat schon Erhard durch Heranziehung zweier Stellen von Reuchlin das richtige chrono-

---

eingeschrieben als: Joannes Roeuchlin de Pforzten. Vgl. auch W. Vischer: Gesch. der Universität Basel. S. 170 u. Anm. 33, dem ich das Weitere entnehme, dass die Einschreibung in die Matrikel bereits im Sommersemester stattfand, dass Reuchlin im Frühling 1475 unter dem Dekan Johann Institoris von Ettenheim Bakkalaureus und 1477 Magister wurde. Ochs, Gesch. von Basel. V. S. 154 fg. u. A. 1 u. 2, wunderliche Annahme, Reuchlin sei bereits 1474 Rektor in Basel gewesen, lässt sich nun, da Vischer das vollständige Rektorenverzeichniss 1460—1529 (a. a. O S. 322 ff.) mittheilt, noch bestimmter zurückweisen, als dies schon Lamey S. 88 Anm. 10 gethan.

[1] Aliquot igitur annos bene excultus doctissimorum hominum consuetudine Lutetiae a. a. O. col. 1002.

[2] Brief an Faber 31. August 1513. Epp. ill. vir. v. 2a graeca elementa, quae ipse ego quondam in vestra Gallia adulescens Parisiis acceperam Anno Domini MCCCCLXXIII.

[3] s. o. S. 17 Anm. 2.

[4] col. 1003: Quia vero doctrinam juris inchoaverat, cujus studia in Gallia majora esse sciebat. Aureliam profectus est.

[5] So von Maius p. 11; Meiners S. 47 fg.; Mayerhoff S. 7 Anm. 1, auf ihn gestützt Vischer S. 191; Schnurrer, Biogr. u. lit. Nachr. von den Lehrern der hebr. Lit. in Tübingen S. 8 Anm. 1 hat die 2. Reise nach Paris ganz geläugnet.

logische Verhältniss hergestellt, und auch in Rücksicht auf Melanthon hat es Oehler klar dargelegt [1]).

Zur näheren Zeitbestimmung füge ich folgendes hinzu. Reuchlin berichtet, er sei nach einigen Jahren aus Schwaben zurückkehrend wieder in Paris eingetroffen [2]). Das lässt sich auch durch andre Zeugnisse noch näher bestimmen. In demselben Jahre — wenigstens ist kein Grund, der dagegen spräche — in dem er Magister wurde (1477) [3]), verliess er Basel. Darauf führt auch Reuchlins Bericht [4]), er sei 4 Jahre in Basel gewesen, wenn man nur in gewöhnlicher Weise Anfang- und Endjahr mitrechnet [5]). Dasselbe schliesse ich auch aus einem Briefe, den Andronikos Contoblakas an seinen Schüler nach Paris schickte (1477) [6]), worin er ihn ermunterte, die bei ihm erworbenen Kenntnisse in der griechischen Sprache nun nicht blos allein zu nutzen, sondern auch für Andere zu verwenden [7]).

---

[1]) Erhard II. S. 158. Oehler S. 109 u. Anm. Auch Lamey S. 88 Anm. 15 gibt das Richtige.

[2]) Epp. ill. vir. v. 4 b. Die Worte e Suevia rediens dürfen nicht auffallen, Basel mochte damals noch ganz gut zu Schwaben gerechnet werden.

[3]) Athenae Rauricae a. a. O. a. 1477 dignitatem magistralem accepit und W. Vischer s. o. S. 17 Anm. 3.

[4]) Rud. hebr. Einl. z. 1. Buch p. 2: elapsis inde quatuor annis. Die Worte zum ersten Male von Brucker benutzt: relicta post quadrienni moram Basilea.

[5]) Falsch wird von Mayerhoff S. 253 1478 angenommen, Meiners, der Reuchlin erst 1475 nach Basel kommen lässt, setzt, um die 4 Jahre zu erhalten, Reuchlins Aufenthalt 1475—1479, Ochs gibt als Jahr der Abreise gar 1488 an.

[6]) Epp. ill. vir. v. 4: Tuum modo ingenium literarumque graecarum experti doctrinam, magnopere optamus atque hortamur, ut alios graecas literas edoceas, quod multum conducet, nam non solum tibi id muneris prodesse, sed etiam auditoribus honori fore arbitramur.

[7]) Der Brief wird von Meiners S. 50 Anm. * (aus ihm fast wörtlich ohne Quellenangabe Mayerh. S. 12) als Lehrerdiplom aufgefasst, das A. C. seinem Schüler gegeben, um danach in Basel selbst zu lehren. Aber dagegen spricht einmal das Jahr, dann auch die Form

Nach mehrjährigem Aufenthalte an verschiedenen Orten Frankreichs — der hier, da es sich nicht um eine Lebensgeschichte Reuchlins handelt, übergangen werden muss, ging Reuchlin nach Tübingen [1]). Auch hier fehlen bei Melanthon die Zeitbestimmungen gänzlich. Dass es Ende 1481 gewesen, ist kein Zweifel [2]). Bald folgte eine Reise nach Rom, die der Graf Eberhard von Würtemberg unternahm und zu der auf den Rath der übrigen Begleiter des Grafen Reuchlin hinzugezogen wurde. Das Ereigniss erfahren wir durch Melanthon, sogar einiges Nähere dazu: Die Begleiter hätten den Grafen zum Mitnehmen Reuchlins veranlasst, da er schon fremde Völker gesehen hätte und im Lateinisch-sprechen und schreiben geübt wäre, auch eine minder schrecklich klingende Aussprache hätte [3]). Aber auch hier fehlt die Zeitangabe; dass es gleich im folgenden Jahre 1482 eingetreten, darüber sind wir durch eine Angabe Reuchlins unterrichtet [4]).

des Briefes, die durchaus nicht einem Zeugniss ähnlich sieht, sondern Adresse u. s. w. ganz wie die übrigen Briefe enthält.

[1]) Mel. col. 1003: Ornatus autem gradu in Pictavis rediit in Germaniam, ac ut Tubingam proficisceretur, invitabant etc.

[2]) Schnurrer S. 9 Anm. 1: Er wurde inscribirt als M̄gr Jōhēs Röchlin de Pfortzen legū Leonatus Vto Idus Decemb. (1481).

[3]) Princeps optimus Eberhardus eo tempore Romam proficisci decreverat, quo cum senes Nauclerum, Petrum Arlunensem et Gabrielem duceret, hi monuerunt, ut adiungeretur ipsis Capnio, qui et exteras nationes antea vidisset, et usum haberet latine dicendi et scribendi, et sonum pronunciationis minus horridum. Mel. col. 1003.

[4]) De arte cabbalistica libri tres Leoni X dicati 1516. In der Widmung A. 4 b: Igitur in Italiam profectus cum illustri Eberhardo Probo Sueuorum nostra etate primo duce, cui a Secretis fiebam, intravi Florentiam circiter XII Kal. Apriles Anno Christi MCCCCLXXXII. Diese Angabe hat entschiedenes Unglück gehabt. Maius, der sie vielleicht nur aus einem schlechten Citat kannte, las: a.. millesimo quadringentesimo octuagesimo septimo und konnte dies nun mit der Behauptung des Crusius, der, der richtigen Lesart zufolge, die Reise ins Jahr 1482 setzte, nicht anders in Einklang bringen, als „Eberhardum aliquot annos in isto Italico itinere consumsisse" p. 170. Das kann nun freilich doch nicht anders verstanden werden,

Gleich nach der Erwähnung dieses Ereignisses folgen bei Melanthon die Worte: Nicht lange nach der Rückkehr wurde R. als Gesandter zum Kaiser Friedrich geschickt [1]). Dass Mel. mit dieser Gesandtschaft die gemeint hat, die statt hatte, um die Bestätigung des Kaisers für den Esslinger Vertrag nachzusuchen, ist ausser allem Zweifel desbalb, weil er Reuchlin die Bekanntschaft des Loans machen lässt, die, wie wir aus sehr vielen Zeugnissen wissen, eben bei Gelegenheit dieser Gesandtschaft erfolgte. Nach denselben Zeugnissen müssen wir aber dies Ereigniss 1492 setzen [2]). Sollte man nun wirklich annehmen, Melanthon habe diesen zehnjährigen Zeitraum 1482—1492, der in einem Menschenleben einen recht langen Abschnitt bildet, mit einem „nicht lange nachher" bezeichnen wollen? Das scheint schwer, ebenso schwer, als wollte man behaupten, Melanthon sei bei Abfassung der Rede das ganze chronologische Verhält-

---

als dass Maius annimmt, Eberhard habe 1482 die Reise angetreten, dann sei ihm 1487 Reuchlin nachgereist. Wie Mayerh. aus den Worten herausgelesen hat, „dass Maius den Reuchlin 1487 bis 1490 in Rom bleiben lässt" (S. 20 Anm. 1) — dem folgt auch Oehler S. 112 Anm. ** — kann ich nicht verstehen. Dass die Angabe des Maius eben nicht die ist, die Reuchlin gibt, davon lehrt ein einfacher Hinblick in die Originalausgabe der ars cabb. und schon Steinhoffer, Würtembergische Chronik. Stuttgart 1754. III, 353 drückt sich ziemlich kräftig darüber aus: „Allein der Herr Maius hat vielleicht die Stelle Capnionis nicht selbst gelesen, sondern die Jahreszahl aus fehlerhaften Skribenten genommen." Hätte Mayerh. es nur der Mühe werth gehalten, Steinhoffer, den er an anderer Stelle citirt, anzusehen, so hätte er sich die lange Anmerkung a. a. O. sparen können, in der er wirklich annimmt, Reuchl. habe 1487 geschrieben, und nun durch andre Beweise darzuthun sucht, dass Reuchl. sich geirrt haben müsse. Seine Genauigkeit wird dadurch wohl noch mehr ins Licht gestellt, dass er in seinem Verzeichniss von Reuchlins Schriften S. 267 die Originalausgabe der ars cabb., in der deutlich 1482 steht, gesehen zu haben vorgibt! Vgl. auch Förstemann p. 925.

[1]) Non multo post reditum Legatus missus est ad Fridericum Imperatorem. Mel. col. 1003.

[2]) Die Ereignisse sind zu bekannt, als dass ich hier Näheres anführe, der Kürze halber verweise ich auf Lamey S. 23 fg.

niss entschwunden gewesen. Zur Unterstützung dieser Auffassung diene Folgendes: Reuchlin ist, der Beweis dafür ist im Verlaufe zu erbringen, noch einmal zwischen der ersten Reise nach Rom und der Gesandtschaft an den Kaiser in Rom gewesen. Dieses, für Reuchlins ganze Entwickelung, wenn ich recht sehe, ungleich viel bedeutendere und wichtigere Ereigniss, als die erste Reise nach Rom, wird freilich bei Mel. mit keinem Worte erwähnt. Aber wie leicht kann man denken, Melanthon habe sich an beide Ereignisse erinnert, nur beide mit einander verwirrt, und bei der Rückkehr aus Rom nun an die Beendigung der zweiten Reise gedacht. Da konnte man wol sagen von einem Ereigniss, das noch nicht zwei Jahre darauf eintrat, es sei nicht lange nach der Rückkehr von der Reise geschehen [1]).

Der Beweis für diese Reise liegt einmal in drei an Reuchlin gerichteten Briefen: dem Zeugniss Questembergs, zuerst von Meiners geltend gemacht, von Mayerhoff wiederholt, von Förstemann, dem Lamey gefolgt ist, bestritten, den Briefen des Johann Streler und Demetrius Chalkondyles [2]); dann in einer auf dieser Reise angeknüpften Verbindung mit Hermolaus Barbarus. Dass eine solche Verbindung stattgefunden, berichtet auch Melanthon [3]). Aber seine Nachricht, dass dies während der Krönung Maximilians der Fall gewesen sei, ist zu verwerfen.

Denn einmal lässt sich durchaus nicht erweisen, dass Hermolaus Barbarus jemals in Deutschland gewesen oder gar auf dieser Krönung, — wozu sich auch von vorn herein gar kein Grund einsehen lässt — dann aber führt Reuch-

---

[1]) Selbst diese Erklärung des Schweigens Mel.'s gibt Oehler S. 112 Anm. **; ich glaubte doch die Stelle im Text stehen lassen zu dürfen.

[2]) Für alles das, was ich selbst früher des Weiteren ausgeführt hatte, kann ich jetzt auf Oehler S. 112 Anm. **, ***, † und S. 117 Anm. *** verweisen.

[3]) Ab Hermolao Barbaro Veneto nomen Capnionis factum esse dicebat ex Germanico, apud quem adsidue fuit toto legationis tempore ad coronationem Maximiliani col. 1010.

lin, der von diesem Verhältniss spricht, an, dass er mit ihm in Rom unter der Regierung des Papstes Innocenz VIII. verkehrt habe [1]). Da Innocenz VIII. 1484—1492 Papst war, so kann sich das nur auf Reuchlins Aufenthalt in Rom 1490 beziehen [2]).

Dazu kommt noch Eins: Melanthons Nachricht, dass Hermolaus Barbarus es gewesen sei, der den Namen Reuchlin in Capnio verwandelt habe, mag ich nicht anfechten; aber merkwürdig wäre es doch, wenn es 8 Jahre gedauert haben sollte (von der Krönung Maximilians 1486 – 1494), bis dieser Name zum ersten Male gebraucht wurde. Noch weniger passend würde es sein, wenn man mit Erhard [3]) annehmen wollte, die Namensumwandlung sei noch 4 Jahre früher (1482) erfolgt [4]) Auch lässt sich durchaus nicht

---

[1]) Rud. hebr. p. 546: Connumerarem illis (nämlich seinen Lehrern im Griechischen) Hermolaum Barbarum *Innocencio VIII insignem* et mei amantissimum, *nisi plus ex eo Rome* latinitatis quam grecitatis hauxissem. Im Allgemeinen vgl. Epp. ill. vir. i2.

[2]) Meiners I, S. 67 Anm. * versetzt diese Nachricht ins Jahr 1498. Da war aber Hermolaus Barbarus schon 5 Jahre todt, vgl. Mohnike: Herm. Barbarus in: Ersch und Gruber Realencyklopädie. 1. Sektion. Band 7. S. 350 fg. Hier hat Mayerh. das Richtige, doch weiss ich nicht, woher er die Nachricht nimmt, dass Reuchlin namentlich *in der Dichtkunst* von Herm. Barb. unterrichtet sei.

[3]) II, S. 164, ebenso Oehler S. 110. Etwas überaus Komisches ist Erhard passirt; der in der Namensänderung durch Herm. „die Vertraulichkeit der italienischen Gelehrten" sehen will, trotzdem aber zu 1490 erzählt, S. 174: „Auch mit Herm. Barb. machte er sich bekannt!"

[4]) Ueber die Frage nach dem Ursprung und dem ersten Vorkommen des Namens Capnion ist man bis jetzt immer hinweggegangen. Gewiss ist es beachtenswerth, dass Reuchlin Einer der Wenigen dieses Zeitalters ist, der, wenn er selbst schrieb, mit geringen Ausnahmen seinen deutschen Namen brauchte, selbst ohne lateinische Endung: Joannes Reuchlin schrieb er sich gewöhnlich. Der Name Capnion kommt, soweit ich sehe, zum ersten Male in dem Titel des Werkes vor: Joannis Reuchlin Phorcensis LL. doctoris Capnion vel de verbo mirifico 1494, in welchem Werke Capn. einer der drei ist, die die Unterredung führen. Von Fremden wird er gebraucht in ei-

nachweisen, dass Reuchlin in diesem Jahre die Bekanntschaft des Hermolaus gemacht habe.

Als Grund der Reise, auf die Meiners S. 55 zuerst aufmerksam gemacht und sie Ende 1489 oder Anfang 1490 gesetzt hat, gibt er an: „Reuchlin reiste auf Befehl seines Herrn nach Rom, um von dem päpstlichen Hofe die Erlaubniss zur Stiftung eines neuen Klosters in dem Schönbuch auszuwirken." Fast gleichlautend hat das Erhard S. 173 wiederholt, der daher hier nicht weiter in Betracht gezogen werden kann; denselben Grund geben auch Mayerhoff und Oehler an.

Soweit ich sehe, ist diese Nachricht aus Mai (p. 170) geflossen. Dabei ist freilich zu bemerken, dass er diese Angelegenheit bei der ersten Reise nach Rom (nach ihm 1482—1487), bei der Eberhard selbst gegenwärtig war, erledigen lässt. Nur durch ein Hineintragen von etwas gar

---

nem Brief des Conrad Leontorius 30. März 1495, Epp. ill. vir. g 4 fg., während derselbe 5. März 1489 den Namen nicht kennt h 2 a, dann in einem freilich undatirten Briefe des Bonomus Tergestinus, der indess wol ins Jahr 1493 oder 94 gehört, er spricht von dem Zusammenleben in Linz, das in diese Jahre fällt b 3 b, Vigilius, mit dem Reuchlin in Heidelberg 1496—1498 so vergnügte Zeiten durchlebt hatte, gebraucht den Ausdruck in einem Brief 1499 g 3, worauf die Antwort folgt Capnion Vigilio g 4; Sebastian Brant redet ihn suavissime Capnion an 13. Jan. 1500 g 1 und Wolfgang praepositus in Ror bedient sich des Ausdrucks häufig bei Gelegenheit einer Besprechung des Werkes de verbo mirifico 1501 i 2, auch Aldus Manutius 1502 24. Dec. k 3. Dann finde ich ihn erst wieder angewandt 1509 h 3, von da ab wird er häufig. Ich habe eine Stelle, die freilich nicht gegen das im Text Behauptete spräche, wol aber früher wäre, als alle angeführten, nicht erwähnt, aber die Worte Capnionis privilegia, die sich auf dem Reuchlin am 24. Okt. 1492 vom Kaiser Friedrich ertheilten Privilegium befinden, abgedruckt in Epp. ill. vir. m 4 b — n 3 a, sind gewiss Zusatz Reuchlins oder der Herausgeber (Hildebrant und Melanthon), denn in dem Text selbst wird nur der Name Reuchlin gebraucht. — Ich bemerke beiläufig, dass wie die Epp. obsc. vir. den Namen aus dem Hebräischen ableiteten (vgl. Strauss, Ulrich von Hutten. I, 238), Leontorius einen Brief g 4 b (s. o.) Joanni Reuchlin latine Capnioni Phorcensi überschrieb.

nicht Vorhandenen hat man Mai die Ansicht imputiren wollen, er lasse Reuchlin 1487—1490 in Rom verweilen (s. o. S. 20 Anm. 4) und ist dadurch zu dem Weiteren veranlasst worden, die Gründung des Klosters als Motiv zur zweiten Reise hinzustellen.

Aber Mai nimmt es für die erste Reise an — woher er die Nachricht schöpft, kann ich nicht sagen — und unmöglich wäre es ja nicht, dass Graf Eberhard, der freilich, wie berichtet wird, mehr aus Sehnsucht nach Italien gereist sei, nun, da er einmal am päpstlichen Hofe war, wenigstens durch seine Räthe auch praktische Angelegenheiten habe besorgen lassen. Freilich durch das, was wir von diesem Kloster und seiner Gründung wissen, lässt sich das von Mai zuerst Behauptete in keiner Weise stützen, ja erhält wol dadurch eine, wenn auch mehr indirekte Widerlegung.

Denn erst aus dem Jahr 1492 datirt die Stiftungsurkunde Eberhards, in demselben Jahre erhielt das neu gegründete Kloster Einsidel im Schönbuch Bestätigungen vom Papst, vom Bischof von Constanz, von Kaiser Friedrich, von dem Grafen Eberhard dem Jüngern [1]). Reuchlin wird in denselben mit dem Kloster in gar keine Verbindung gebracht, ja auffällig genug erscheint er nicht einmal als Zeuge in der Stiftungsurkunde, während doch seine Freunde und oft gerade als Rathgeber Eberhard des Aelteren in Gemeinschaft mit ihm angeführte Genossen Johann Vergenhans und Gregor Lamparter als solche fungiren.

So darf dieses nicht als Grund für die Reise angenommen werden; einen sicheren vermag auch ich nicht anzugeben, nur eine Vermuthung mag hier ihren Platz finden. Sattler [2]) erwähnt die fragliche Reise nach Rom nicht. Das fällt auf, da er sonst in grosser Vollständigkeit die Staats- und Rechtsangelegenheiten erwähnt, bei denen Reuchlin

---

[1]) Sämmtliche Urkunden finden sich in J. J. Mosers Sammlung der Würtemberg betreffenden Urkunden 1703 S. 103—182 Nr. 26 a-e.

[2]) Geschichte Würtembergs unter den Grafen. Hier kommt der 4. und 5. Band in Betracht.

theils allein, theils mit anderen als Bevollmächtigter seines Fürsten thätig gewesen ist [1]). Zu demselben Jahre aber, in das die Reise Reuchlins nach Rom gehört, berichtet er [2]), dass der natürliche Sohn Eberhards, Ludwig, „der sich eine ziemliche Gelehrsamkeit erworben hatte", eine Reise nach Rom unternahm. Wie leicht ist es möglich, dass Reuchlin, dem Vater als trefflicher Begleiter bekannt, nun dem Sohne beigegeben wurde.

Was die Dauer der Reise betrifft, so hat Mayerhoff den Anfang nach dem 27. Febr. 1490 gesetzt, indem bis dahin Reuchlin sich in Würtemberg aufgehalten habe, doch bin ich nicht im Stande gewesen, bei Sattler, auf den M. sich stützt (S. 23 Anm. 2 ohne weiteres Citat), eine Angabe derart zu finden. Aus Rom ist Reuchlin, wie sich aus dem oben angeführten Briefe Questemberg ergibt, 9. Aug. 1490 fortgereist, gegen Ende des Jahres, spätestens am Anfange des folgenden, ist er wieder in seiner Heimath gewesen.

Indess dem sei, wie ihm wolle — mögen auch die äusserlichen Umstände, Grund und Dauer der Reise nicht ganz ins klare Licht gesetzt werden können —, die zweite Reise Reuchlins nach Rom hat stattgefunden und war wol eins der bedeutungsvollsten Ereignisse in seinem Leben. Seine Kenntnisse in der lateinischen Sprache entwickelte und erweiterte er mit Hermolaus Barbarus, den Umgang mit dem Griechen Demetrius Chalkondyles benutzte er, um den griechischen Sprachsatz, den er sich bereits angeeignet hatte, zu vermehren, die für seine geistige Entwicklung, für die ganze spätere Richtung seines Denkens wichtigen und bedeutenden Anregungen erhielt er durch Pikus, wenn auch ohne Zweifel mehr durch das Bekanntwerden mit seinen Schriften, als durch persönlichen Umgang. Dass Melanthon das ganze Ereigniss mit Stillschweigen übergangen hat, gereicht ihm zum Vorwurf.

---

[1]) Auf das Einzelne ist hier nicht näher einzugehen, ich weise nur auf die Stellen hin: IV, S. 217. 234. 235. 237. V, S. 30. 34.
[2]) a. a. O. V, S. 27.

Noch unbestimmter als die früher besprochenen Zeitangaben Melanthons sind die späteren. Zunächst Reuchlins Gesandtschaft bei dem Kaiser. Sie ist schon oben in Betracht gekommen. Melanthon berichtet nämlich: Non multo post reditum (nämlich von Rom, s. o. S. 21 u. Anm. 1) *legatus missus est* ad Fridericum imperatorem. Letzteres ist unzweifelhaft richtig. Ich finde in den Quellen wenigstens nicht den mindesten Beleg dafür, dass Graf Eberhard selbst nach Linz gegangen und Reuchlin auch hier nur wieder in seiner Begleitung dahingekommen sei [1]). Das hat indess schon Mai behauptet, und obschon Steinhoffer bereits es zurückwies, ist es von sämmtlichen Biographen Reuchlins nachgeschrieben worden [2]).

Der Grund für die Gesandtschaft Reuchlins war die Nachsuchung der kaiserlichen Bestätigung für den Esslinger Vertrag, in dem die Untheilbarkeit der würtembergischen Besitzungen ausgesprochen worden war. Der Vertrag wurde am 2. Sept. geschlossen [3]), vielleicht ist Reuchlin sofort nach Schliessung desselben nach Linz gereist. Den hebräischen Unterricht bei Loans (s. u.), durch den die Reise eine hohe Bedeutung erlangt hat, begann er aber erst am 25. Sept. [4]). Wenn auch die kaiserliche Bestätigung des Vertrages bereits am 18. Oktober erfolgte [5]), und wenige Tage darauf — 24. Oktober — Reuchlin die Pfalz-

---

[1]) Ich führe hier eine Stelle Reuchlins Rud. hebr. p. 3 an, die, obwol gerade das entscheidende Wort fehlt, doch zeigt, dass Eberhard nicht mit in Linz gewesen ist: Cumque me ad Serenissimum Imperatorem Fridericum tertium indytus princeps Eberhardus Probus ... Tum reperi *ea in legatione* ....

[2]) Mai p. 173; Steinhoffer, Würtembergische Chronik. III, S. 508. Dagegen Mayerhoff S. 25, Erhard S. 175, Lamey S. 23, Klüpfel a. a. O., Oehler S. 113

[3]) Sonntag nach Aegidi; Chmel, Regesten Friedrich III. S. 795. Nr. 8855; Stälin, Wirtembergische Geschichte. III, S. 614.

[4]) VII. Kal. Oct. nach einer Notiz bei Mai p. 541.

[5]) Chmel a. a. O.

grafenwürde [1]), vielleicht auch zu derselben Zeit auch andere Geschenke [2]) erhielt, so darf doch nicht angenommen werden, dass Reuchlin gleich darauf abgereist sei, man müsste denn behaupten, er sei später nochmals nach Linz zurückgekehrt; denn dass er bei dem Tode des Kaisers Friedrich III. zugegen gewesen sei (19. August 1493), erzählt er selbst [3]).

---

[1]) Das Diplom ist abgedruckt in Epp. ill. vir. m 4ᵇ ff.
[2]) z. B. eine sehr werthvolle Bibelhandschrift. Sie befindet sich noch in der grossherzogl. Hofbibl. zu Carlsruhe. Sie ist eine kostbare Pergamenthandschrift aus dem 13. Jahrh., enthält das ganze A. T., die Bücher nicht ganz in ihrer gewöhnlichen Reihenfolge. ausser den Büchern Ruth und Hohes Lied. Im Pentateuch findet sich nach jedem hebräischen Bibelverse die chaldäische Uebersetzung des Onkelos in fortlaufenden Linien beigefügt. Am Rande stehen masorethische Bemerkungen. Reuchlin selbst hat nichts eingeschrieben, von späterer Hand ist bemerkt, dass Reuchlin die Handschrift vom Kaiser Max empfangen habe. Nach freundlichen Mittheilungen des Hn. Rabb. Willstätter in C.
[3]) Id autem fuit semestri, antequam serenissimus Caesar, Fridericus tertius, pater tuus morte vinceretur, qui obiit *me presente* in Lyncea XIV Cal. Sept. a. 1493. Defensio contra calumniatores Colon. bei v. d. Hardt Hist. lit. reformationis II, p. 81. Schon Meiners S. 58 A. 1 hat darauf aufmerksam gemacht. — Mit dem Briefe des Bonomus Tergestinus aus Linz an R. 2. März 1492 weiss ich nichts anzufangen. Die Worte lauten: Jacobus tuus Loans an adhuc Viennae vivat ignorans sum. Erat tamen paucis ante diebus illic ubi eum reliquisti. (Das Wort illic bezieht sich schwerlich auf Wien, wohin es grammatikalisch gehört, sondern auf Linz) Epp. ill. vir. b 2a. Das Datum muss falsch sein, denn März 1492 hatte R. die Bekanntschaft des Loans noch gar nicht gemacht, dieser konnte daher füglich nicht als tuus bezeichnet werden. Eher könnte März 1493 angenommen werden; dann müsste eine, freilich nur zeitweilige Abwesenheit R.'s und L.'s vorausgesetzt werden, denn beim Tode des Kaisers wird der Leibarzt wol nicht gefehlt haben.

Ich füge hier, da ich keinen passenderen Platz weiss, eine Bemerkung hinzu: Durch die Güte des Hn. Oberstudienrath v. Stälin bin ich auf das Archiv für österr. Geschichtsquellen Bd. 7 S. 131 u. 134 aufmerksam gemacht worden. Da finden sich 2 Berichte des Dr. Johannes Rochlein an den Markgrafen Friedrich von Brandenburg

Anderes erwähne ich nur mit einem Worte. Wann die Flucht nach Heidelberg, wann die von hier aus erfolgte Reise nach Rom, wann die Rückkehr nach Würtemberg stattgefunden, erfahren wir bei Melanthon nicht, und müssten die einzelnen Ereignisse, wenn die Jahre, in denen sie vor sich gegangen, nicht uns anderswoher bekannt wären, erst mühsam berechnen. Nur in Betreff eines Ereignisses findet sich eine relativ bestimmte Angabe, aber auch diese ist unrichtig.

Mel. berichtet, dass R., als nach dem bairischen Kriege das Gericht des schwäbischen Bundes reorganisirt wurde, unter die Richter, zu denen nun auch Doktoren gehören sollten, aufgenommen wurde [1]). Der bairische Krieg ist kein andrer, als der 1504 in Folge des Testaments entstandene, in dem der Herzog Georg von Baiern — Landshut trotz früher eingegangener Erbverbrüderung mit der Münchener Linie seine Länder seinem Schwiegersohne Ruprecht von der Pfalz vermacht hatte. Derselbe endete erst 1505, auf dem Reichstag von Köln wurde der Friedensvergleich getroffen [2]), in dieses Jahr würde also der Antritt des Rich-

---

28. März und 22. April 1492 (bei dem letzteren ist übrigens nur vom Herausgeber Höfler hinzugefügt: „wahrscheinlich von Dr. J. R.", ohne dass ich sagen kann, welcher Grund dazu vorhanden ist). Ich bin ganz fest überzeugt, dass dieser mit unserem Reuchlin nichts zu thun hat. Einmal zeigt er sich hier als vertrauter Rathgeber Friedrichs, wovon uns sonst keine Spur erhalten ist, dann aber kommt die Form „Rochlein" für Reuchlin niemals vor, während sich sonst die verschiedenen Formen Röchlin, Rocuchlin, Räuchlin, Rochli finden. Bei eigenen Unterschriften — und a. a. O. S. 131 ist es eine solche — ist mir nur Joannes Reuchlin mit dem gewöhnlichen Zusatz LL. doctor bekannt.

[1]) Mel. col. 1006: Reversus in patriam (das geschah von Heidelberg aus 1499) cum post bellum Bavaricum (Bretschn. Bavari cum!) indicium Suevici foederis ita constitueretur, ut Tubingae quater conveniret quotannis et Doctores in eo numero essent, ipse quoque delectus est.

[2]) Der Kürze halber verweise ich auf K. Haltaus, Gesch des Kaisers Maximilian I. Leipzig 1850. S. 183 fg. 191 fg.

teramtes zu setzen sein. Dem haben aber, *ohne Melanthons Bericht zu beachten*, alle Biographen R.'s widersprochen; von Allen kommt nur Mai, der seiner gewöhnlichen Art nach viel auch nicht zur Sache gehöriges Material zusammenträgt, ohne ein bestimmtes Datum anzugeben, nicht in Betracht (p. 226 fg. namentlich S. 234. 235). Meiners gibt 1506, Schnurrer, Erhard, Mayerhoff, Lamey, Jörg, Klüpfel, Oehler 1502. Die Sache muss in ihrem ganzen Zusammenhang etwas näher ins Auge gefasst werden. Zwei Stellen Reuchlins kommen zunächst in Betracht. In der Vorrede zu seinen 1506 herausgegebenen hebräischen Rudimenten berichtet er, dass er schon *seit mehreren Jahren* die Stelle eines Triumvirn bei den mit den Schwaben verbundenen Fürsten bekleide [1]), und in der 1518 erschienenen Schrift über Orthographie und Accente der hebräischen Sprache berichtet er, dass er das Amt, nachdem er es 11 Jahre bekleidet, nuper aufgegeben habe [2]). Durch diese Stelle ist Meiners verleitet worden, den Antritt des Amtes 1506 zu setzen [3]); aber die Stelle der Rudim. ist ihm entgangen [4]) und nuper kann ebensogut ein als viele Jahre bezeichnen, wenn nur nicht ein gar zu langer Zeitraum damit ausgedrückt werden soll, so dass Schlüsse darauf zu bauen mindestens voreilig ist. Die Nachrichten Reuchlins

---

1) Rud. hebr. p. 2: Jam annos complures super fortissimis suevis confoederatos principes dignitatem triumviratus, non ambitione sed electione mira sim consecutus, cumque honorem usque in hunc diem servare me sentiant inconcussum atque sanctum.

2) de accentibus et ortogr. ling. hebr. fol. 59. sum deinde triumviratum Sueviae annos undecim continuos sedulo gessi, tandem sedit animo, ut nuper abdicato Triumviratu, et secularibus negotiis subito exactis in otio literario quiescerem; die undecim annos continuos schon vorher fol. IIIa.

3) I, S. 72 Anm. *. Er sagt: „Diese Schrift (de acc.) erschien 1518 und wurde wahrscheinlich 1517 ausgearbeitet. Die Annahme der Bundesrichterwürde fällt also in das Jahr 1506. Bestimmtere Data finde ich nicht."

4) Darauf hat schon Mayerhoff S. 48 Anm. 1 aufmerksam gemacht.

geben freilich kein ganz bestimmtes Jahr, widersprechen
aber in jedem Falle der Nachricht Melanthons, denn der
Anfangspunkt kann ihnen zufolge spätestens 1503 oder 4,
— mehrere Jahre vor 1506, demgemäss der Endpunkt 1514
gesetzt werden. Dem kommt eine andere Nachricht zu
Hülfe. *Datt* berichtet, dass 1502 Reuchlin zum schwäbischen Bundesrichter auf 3 Jahre gewählt wurde [1]. Dieser
Nachricht sind Reuchlins Biographen gefolgt, und sie wird,
da sie sich auf urkundliches Zeugniss stützt, gewiss nicht
zu verwerfen sein. Nur eins ist zu bemerken: Es fragt
sich, ob Reuchlin im Jahre 1502 wirklich zum ersten Male
dieses Amt antrat. Da er auch in diesem Jahre nur auf
3 Jahre gewählt wurde, so wäre es recht gut möglich, dass
er schon früher einmal, wenn auch nur auf kürzere Zeit
mit diesem Amt bekleidet worden wäre. Denn wirklich ist
das Amt nicht erst 1502 neu geschaffen worden.

Der schwäbische Bund war 1488 [2] gegründet auf 12
Jahre, im Jahre 1500 erfolgte seine Verlängerung. Da
wurde wirklich die Einrichtung getroffen, an die Melanthon
vielleicht gedacht hat, aber in falschen Zusammenhang bringt
und ganz falsch angibt, denn von einem Gericht, zu dem
auch Doktoren gehören sollten, ist gar nicht die Rede: jede der 3 Klassen, in die der Bund getheilt wurde, hatte
einen Richter (Triumvir) und den Ort des Gerichts für ein
Jahr zu bestimmen, die beiden ersten Klassen, Kaiser, Churfürsten und Fürsten in der einen, die Prälaten in der andern, einigten sich für die beiden nächsten Jahre in der
Wahl Tübingens zum Gerichtsort; als Richter wurde von
der ersten Reuchlin bestellt [3]. Zunächst vielleicht auf 2

---

[1] de pace publica lib. II, cap. 26. §§. 23—26. p. 454. „Es ist
auch D. Johannes Rechlin (!) drew Jar die nechsten nach einander folgenden zu einem Richter der obgemelten Fürsten angenommen."

[2] Wahrscheinlich in Verwechselung damit lässt S. F. Gehres
Pforzheims kleine Chronik S. 65 den Reuchlin 1488 zum Bundesrichter in Schwaben werden, worauf nicht weiter einzugehn ist.

[3] Am besten hat diese Verhältnisse dargelegt Schnurrer S. 21.

Jahre ¹), 1502 wurde es auf 3 Jahre erneuert, und diese Erneuerung noch zweimal wiederholt. Denn das muss festgehalten werden: Reuchlin sagt ausdrücklich, er habe das Amt undecim annos continuos geführt, eine Unterbrechung scheint also nicht angenommen werden zu dürfen. Dann wäre Reuchlin Ende 1510, spätestens im Laufe 1511 von dem Amte befreit gewesen. Dagegen spricht freilich nichts Weniger als Alles. Freilich was Mayerhoff anführt, dass Reuchlin in einem Briefe an Mutian aus dem Jahre 1513 sage ²), er habe sich von allen seinen Aemtern losgesagt, findet sich in dem Briefe gar nicht, und die Worte Reuchlins, die Mayerhoff möglicherweise zu seiner Behauptung Anlass gaben, er ein Mann von geringen Mitteln, der jetzt durch den Ackerbau allein seinen Lebensunterhalt sich verschaffe ³) — Worte, die übrigens nicht so streng genommen werden dürfen —, können doch unmöglich beweisen, dass Reuchlin in diesem Jahre seine Aemter aufgegeben habe.

Aber Anderes kommt in Betracht. Von vornherein bemerke ich, dass über fast keinen Punkt im Leben Reuchlins unsere Nachrichten so dürftig sind, als über diesen. In Klüpfels Urkunden des schwäbischen Bundes 1. Band bis 1506, wo man doch sicher etwas erwarten sollte, habe ich vergebens gesucht; im Ganzen finde ich, ausser den oben benutzten Worten Reuchlins nur 5 bestimmte Stellen: „Die Schrift des Michael Coccinius de imperii a Graecis ad Germanos translatione 1506 ist dem Reuchlin zugleich mit

---

¹) Dass er 1500 zum ersten Male das Amt bekleidete, mag ich auch aus Reuchlins Worten schliessen, die der S. 33 Anm. 2 angeführten Stelle unmittelbar vorangehn: Post enim quam in aulis principum, Senatorii ordinis consulatum annos undeviginti, tum deinde... 1482 wurde er Rath, 19 Jahre lang bis 1500, dann schwäbischer Triumvir; allerdings sichere Handhabe bietet die Stelle nicht.

²) Mayerhoff S. 48 Anm. 1. Der Brief ist vom 20. August 1513. er steht bei Tentzel Supplementum historiae Gothanae I. b p. 19.

³) revera tenuis ego vitae homo et nunc sola agricultura victum quaeritans.

seinen beiden Collegen im schwäbischen Bundesgericht Streler und Winkelhofer (confoederatorum Suevorum judicibus consistorialibus et triumviris) gewidmet [1]. Conrad Peutinger schreibt ihm 12. Dec. 1512 als Confoederatorum Sueviae triumviro [2] — ich bemerke ausdrücklich, dass dies die einzige Stelle ist, an der sich in der Reuchlinischen Briefsammlung eine solche Anrede findet, gleichsam als hätten sich die Humanisten gescheut, ihren Führer und Freund mit einem so amtlichen Titel zu begrüssen —; Reuchlin selbst nennt sich mit seinem Titel, wie bekannt im Augenspiegel 1511 und in 2 1512 erschienenen Schriften [3]. Ob er es in noch anderen gethan, weiss ich nicht. In denen, die mir bekannt sind, der Defensio 1513, de arte cabbalistica 1516 thut er es nicht, von den späteren kann ja keine Rede mehr sein (s. o. S. 30 Anm. 2). Festgestellt ist also, dass R. im Jahre 1512 und zwar bis zum äussersten Ende desselben Bundesrichter war; hat er sein Amt 1500 angetreten, wie es allen Anschein hat, so passt seine Angabe nicht, dass er 11 Jahre dasselbe ununterbrochen bekleidete. Ich bin geneigt, das continuos des R. für einen Irrthum zu erklären; an den 11 Jahren will ich nicht rütteln. Denn sehe ich recht, so ist R. 1509, vielleicht auch das folgende Jahr nicht Bundesrichter gewesen. In diesem Jahre, 11. März, schreibt Nikolaus Basellius an R.,

---

[1] Das entnehme ich wörtlich aus Ranke, Deutsche Geschichte im Ref. Zeitalter. I. Band. 4. Aufl. S. 183 Anm. 1.

[2] Epp. ill. vir. e 4 fg.

[3] Zunächst bemerke ich, dass ich meine Kenntniss davon weder dem Schnurrer'schen noch dem Mayerhoff'schen bibliographischen Verzeichniss der Reuchlin'schen Werke verdanke; für die eine: Hippocrates de praeparatione, in der sich am Schluss findet: Joannes Reuchlin Phorcensis legum imperialium doctor. Caesareae maiestatis archiducis Austriae illustrissimorum imperii electorum et caeterorum principum in confoederatione Sueviae iudex ordinarius, kann ich auf Köhler, Beiträge zur Ergänzung der deutschen Literatur und Kunstgeschichte. 2. Theil. Leipzig 1794. S. 287 verweise; die andere: Rabi Joseph Hyssopaeus Parpinianensis besitze ich selbst, die Bezeichnung ist mit der vorigen wörtlich gleichlautend.

er freue sich, durch seinen Brief zu erfahren, dass er sich von dem Stadtgetümmel *und von dem Geräusch der vielen Geschäfte zurückgezogen habe* und sich selbst zu leben anfange. Jetzt zeige er sich als Philosoph, er, der früher den mit Processen und öffentlichen Geschäften Beladenen hätte spielen müssen [1]); und in einer sonst mir ziemlich dunklen Stelle schreibt Georg Simler (von der Erinnerung) an die noch frische Schwüle von Geschäften [2]).

Nimmt man das Jahr 1509 als Unterbrechung, und lässt man Reuchlin von Anfang 1501 das Amt mit dieser Unterbrechung 11 Jahre führen, so passt es recht gut, dass er Ende 1512 das Amt aufgegeben hat. Ein positives Zeugniss fehlt uns dafür, als negatives will ich das von nun an eintretende Aufhören im Gebrauche des Titels anführen und die schon von Früheren geltend gemachte Verlegung des Bundesgerichts nach Augsburg, das dem alten und durch seinen Streit mit den Kölnern in eine aufreibende Thätigkeit versetzten Manne zu entfernt sein mochte, um jährlich vier Mal daselbst sich einzufinden [3]).

Ich gebe zu, dass das Gesagte kein ganz sicheres Resultat ergibt, in jedem Falle ist die Nachricht Melanthons falsch und er hat sich in dieser letzten chronologischen Angabe so wenig als in seinen früheren als genauer Berichterstatter bewährt.

---

1) Epp. ill. vir. h. 3: cum tuas ad me suavissimas literas perlegissem, quodque a populari tumultu et negociorum strepitu plurimorum te subtrahere; tibique ipse vivere inceperis. Jam nunc enim philosophum hominem prae te fers, qui hactenus causidicum et forensium litium te negociatorem constitueras.

2) i 2: recenti adhuc aestu curarum.

3) Der Beschluss zur Verlegung wurde auf dem Bundestag zu Augsburg Okt. 1512 gefasst. Klüpfel, Urkunden zur Geschichte des schwäbischen Bundes 2. S. 59.

III.

Vollständigkeit der Angaben.

Ein zweites Erforderniss, das man an einen Biographen stellen muss, ist möglichst grosse Vollständigkeit. Es wird sich fragen, ob Melanthon dieser Aufgabe nachgekommen ist. Die Beantwortung wird sehr ungünstig für ihn ausfallen. Von vornherein mag das Eine bemerkt sein: Wol werde ich mich bemühen, möglichst vollständig das mitzutheilen, was er übergangen hat, eine Erzählung aller Einzelheiten, die anderweitig bekannt und genügend dargelegt worden sind, beabsichtige ich dabei aber nicht: hier wird es nur eines kurzen Hinweises bedürfen; hingegen wird das, was dadurch, dass es Melanthon nicht erwähnt, auch vielen Späteren verborgen geblieben, oder nicht richtig aufgefasst worden ist, einer näheren Betrachtung unterzogen werden müssen.

Da fällt vor Allem auf, dass von den *Schriften* Reuchlins nicht viel die Rede ist. Ausser einer nicht gerade günstigen Erwähnung [1]) des lateinischen Lexikons Brevilo-

---

[1]) Eo tempore et fratres Amorbachii officinam typographicam instituerunt, qui cum desiderari viderent latinum ὀνομαστικὸν, Capnio librum collegit cui titulus est: Breviloquus, qui tunc, cum nondum meliores libri in hoc genere haberentur et expetitus est et studiis profuit. M. col. 1002 fg. Ueber den Werth des Lexikons hat sich in eingehenderer, des Mannes würdigerer Weise Gesner, Bibliotheca universalis sive catalogus omnium scriptorum locupletissimus .... Tiguri 1545 (also 7 Jahre früher als Melanthon) ausgesprochen, was ich hier anführen mag: fol. 398 Breviloquus .. seorsim quidem nomina explicantur, deinde verba, postremo reliquae partes indeclinabiles. Sed nunc desiit hic liber in manibus studiosorum versari, cum longe meliores alios plures eiusdem argumenti habeant, etsi que

quus, einer Jugendarbeit Reuchlins, nach Melanthon wol das erste Werk, das die Presse der Gebrüder Amerbach, die später nicht blos geschäftliche, sondern auch freundschaftliche Beziehungen mit Reuchlin unterhielten, verliess, und das Reuchlin jedenfalls noch in Basel ziemlich zu Anfang seines dortigen Studiums verfertigte 1475 — er selbst berichtet, er sei 20 Jahr alt gewesen [1] —; wird bei Melanthon eines Abrisses der Weltgeschichte gedacht, den Reuchlin verfasst haben soll [2], werden die 2 Comoedien erwähnt, die Reuchlin in Heidelberg schrieb und aufführen liess [3]. In schöner Weise werden ferner die Verdienste Reuchlins um das Hebräische gewürdigt, als dessen Wiedererwecker ihn seine Zeitgenossen und die Späteren nicht mit Unrecht priesen. Denn viele lud er ein, ruft Melanthon aus, zum Erlernen der hebräischen Sprache und zum Erkennen der Quellen der prophetischen Lehre und förderte ihre Studien. Dass später Viele reichhaltigere Schriften herausgegeben haben, erkenne ich freudig an und gestehe, man schuldet ihnen Dank, aber ich glaube, sie selbst und andre viele bekennen, dass sie oder ihre Lehrer die Grundlagen dieser Lehre von Reuchlin empfangen haben [4]. In-

---

dam explicata sunt in hoc libro, quae in aliis non reperiuntur, praesertim peregrina vocabula et alia nonnulla: non debet tamen sua laude fraudari, ut qui Germanis inter initia politioris literaturae scriptus sit, unde factum esse reor, ut nonnumquam etiam barbara quedam vocabula admisceantur.

1) Rud. ling. hebr. Einl. z. 1. Buch. p. 2: Postea enim quam *anno aetatis me duodevigesimo* ... literaria studia in schola Parisiensium aggressus sum, *biennio post* apud Rauracos dictionarium collegi, quem appellavi Breviloquum. Dass die älteste Ausgabe in diesem Jahre erschienen sei, kann ich nicht behaupten; Mayerhoff, der S. 253 fg. 23 Ausgaben dieses Lexikons anführt, setzt, ohne die hier angezogene Stelle zu benutzen, die älteste s. a. erschienene Ausgabe 1476 oder 77.

2) Darüber ist unten zu handeln.
3) col. 1004.
4) Nam et invitavit multos ad discendam linguam Ebream, et ad cognoscendos fontes doctrinae Propheticae, et eorum studia adiu-

dess auch in dieser Beziehung wird Vollständigkeit vermisst. Wol wird die hebräische Grammatik und Lexikon [1]) und eine Ausgabe der 7 Busspsalmen [2]) mit beigefügter Uebersetzung und Erklärung erwähnt, aber des zweiten Hauptwerkes Reuchlins über Accente und Ortographie, der ersten Arbeit, die einen bis dahin ganz unbekannten Theil der hebräischen Grammatik wissenschaftlich auszubilden suchte, wird nicht gedacht.

Reuchlins Verdienste in der *griechischen* Sprache erfahren wir durch Melanthon so gut wie gar nicht. Nur dass er in Basel diese Sprache zu lehren angefangen [3]), und dass er fast ein halbes Jahrhundert später zu Ingolstadt diesen Unterricht wieder aufgenommen hat [4]) (1521), wird berichtet. Aber in dieser Sprache war ausser seiner Lehrthätigkeit seine Wirksamkeit eine nicht geringe. Nicht gerade, dass er viel Neues, Originelles schuf — obgleich sein System der Aussprache, wenn auch durch das Erasmische verdrängt, vielleicht höheren Werth in Anspruch nehmen darf [5]) — aber brauchbare Ausgaben, Uebersetzungen hat er veranstaltet und so die Lernbegierigen nicht unwesentlich gefördert. Ich erwähne von seinen Ausgaben 2 Reden des Demosthenes und Aeschines, Xenophons Apo-

---

vit. Quod enim post ea multi locupletiora scripta ediderunt gaudeo et gratiam eis deberi fateor. Sed existimo hos ipsos et alios multos fateri, semina huius doctrinae, vel se, vel suos Magistros a Capnione accepisse. col. 1006.

[1]) Rudimenta ling. Hebr.

[2]) Die Psalmi poenitentiales sind wol unter dem allerdings etwas sehr sonderbaren Ausdrucke Melanthons et Psalmorum aliquot grammaticas enarrationes gemeint. Für dieses, wie überhaupt für die Schriften, muss ich auf Schnurrers Verzeichniss der Schriften Reuchlins S. 49—66 verweisen, das in unendlich vielen Punkten der Erweiterung und Verbesserung bedarf, durch Mayerhoff S. 250—273 fast nur wesentliche Verschlechterungen erfahren hat.

[3]) Basileae .. docere linguam latinam et graecam cepit. col. 1002.

[4]) in Academia Ingolstadiensi Graecam et Ebream linguam docuit. col. 1009.

[5]) Ich verweise dafür auf Lamey Anm. 16 S. 88 fg.

logie des Sokrates ¹), hebe von seinen zahlreichen Uebersetzungen griechischer Schriftsteller ins Lateinische nur Hippokrates Ueber die Vorbereitung des Menschen ²), ein Buch des heiligen Athanasius ³), verschiedene Schriften des Proklus, Epiphanius, Tyrius hervor ⁴), und füge nur hinzu, — was für jene Zeiten doch wol zu beachten und als Verdienst anzurechnen ist —, dass er den Kampf des Paris und Menelaos aus dem Homer in deutsche Verse, die beiden ersten philippischen Reden des Demosthenes in deutsche Prosa übertrug ⁵). Alles das ⁶) hätte, wenigstens mit

---

1) Schnurrer S. 61 Nr. XX, XXI.
2) s. o. S. 33 Anm. 3 und Schnurrer S. 56 Nr. XI.
3) Schnurrer S. 60 Nr. XIX.
4) Gesner, Bibliotheca a. a. O.
5) Brief des Joannes ex Lupis de Hermansgrün an Reuchlin (1495) Epp. ill. vir. d 2: Primam et secundam Philippicas Demosthenis, quas ex graeco in vernaculam linguam nostram vertisti illustris dux de Vuirtenberg legendas mihi tradidit. Der Briefschreiber fährt dann fort: Conveniunt omnino tempori et ad rem faciunt. Utinam principio huius congregationis unicuique principum istas tuas translationes misisses, sed forte fecisses verba ad ventrem carentem auribus. Das kann nach vernünftiger Erklärung nur das bedeuten: Der Briefschreiber war Gesandter auf dem Reichstage zu Worms. Die Zustände Deutschlands schienen ihm mit denen Griechenlands zur Zeit des Demosthenes übereinzustimmen: drohende Gefahr von einem äusseren Feind und Zwiespalt im Inneren. Er wünscht darum, die versammelten Fürsten hätten diese Reden gelesen, zweifelt aber schliesslich doch, ob sie eine Wirkung hervorgebracht hätten. Daraus hat Pfister: Eberhard im Bart. Tübingen 1822. S. 87 fg. Folgendes gemacht: „Die erste und zweite der Philippiken des Demosthenes *liess Eberhard durch* Reuchlin ins Deutsche übertragen, *um sie auf dem Reichstage an seine Freunde zu vertheilen*", und Mayerhoff S. 23, der sich so etwas nicht umsonst sagen liess, hat, ohne die Quelle zu citiren, es wiederholt. Wunderbar genug hat noch Oehler S. 115 dasselbe.
6) Ob Erhard II, S. 209 mit den Worten: „Reuchlin übersetzte verschiedene Werke griechischer Schriftsteller ins Teutsche und sogar in teutsche Verse" mehr Schriften im Auge hat, als ich angeführt habe, vermag ich nicht zu sagen. Ich füge noch hinzu, dass Johann von Dalburg sich für eine Uebersetzung Reuchlins in deut-

einem Wort, von Melanthon erwähnt werden müssen, in gleicher Weise die griechische Grammatik Reuchlins, von der er selbst erzählt, dass er sie in Orleans, während er römisches Recht studirte, gemacht und in Poitiers bei Vorlesungen zu Grunde gelegt habe [1]).

Wichtiger ist Folgendes. Es ist unstreitig, neben seinen Verdiensten um die hebräische Sprache und vielleicht noch mehr als diesen verdankt Reuchlin den grossen Ruhm, den er bei seinen Zeitgenossen erworben hatte, seinen philosophisch-kabbalistischen Werken. Dass sie bei Melanthon gar nicht erwähnt werden, ist ein grosser Mangel. Möglich, ja wahrscheinlich ist, dass Melanthon diese Werke, sowie die ganze Richtung, der sie ihren Ursprung verdankten, verwarf, sie mehr als Verkehrtheit, denn als wirkliche auf dem Gebiete der Wissenschaft verdienstliche Leistungen ansah [2]), aber nichtsdestoweniger diese Werke tragen so viel erst zum rechten Verständniss der Persönlichkeit Reuchlins, seines Wirkens und seiner Zeit bei, dass sie in einer noch so kurzen Biographie des Mannes nicht unerwähnt hätten bleiben dürfen.

Dass kleinere Gelegenheitsschriften bei Melanthon keine Erwähnung finden, wie Tütsch Missive warumb die Juden so lang im ellend sind [3]) und ein Schriftchen über die Kunst zu predigen, die Reuchlin zum Dank für gastliche

---

sche Verse bedankt und ihre Trefflichkeit mit grossen Lobsprüchen rühmt. Epp. ill. vir. k 1. 12. Decbr. 1491. Sollte damit vielleicht die Uebersetzung aus Homer gemeint sein? In demselben Jahre 1. April erhielt Reuchlin wenigstens einige Gesänge einer lateinischen Uebersetzung aus Italien von Gabriel Bossus zugeschickt. Epp. ill. vir. b 1.

[1]) Rud. ling. hebr. p. 2: Simul didici latinorum iura et docui grecorum precepta, de quibus tunc artem grammaticam grece conscripsi, cui titulus exstabat: Micropedia, eam anno post pictonibus Gallie Aquitanis publice legi.

[2]) Schon Oehler sagt S. 115: „Dass Melanthon über das Buch (de verbo mirifico) schweigt, lässt sich begreifen."

[3]) Böcking, Hutteni Opera, Suppl. I. p. 177—179.

Aufnahme in seinem Kloster dem Abt von Denkendorf verfasste [1], will ich nicht urgiren; darauf muss aber mit Nachdruck hingewiesen werden, dass Melanthon in Beziehung auf den wichtigsten Theil von Reuchlins Leben, den Streit mit den Kölnern und die schriftstellerische Wirksamkeit, die Reuchlin hier entfaltete, sehr unvollständig ist. Es ist kaum glaublich, nicht einmal der Augenspiegel wird erwähnt. Nur des Gutachtens wird gedacht und die folgenden Ereignisse in solchen Zusammenhang gebracht, als wenn der Ketzerprocess, den die Dominikaner anhängig machten, gegen das Gutachten allein gerichtet, als wenn dieses in Köln verbrannt worden wäre [2]. Von den späteren Schriften Reuchlins in diesem Streite wird nur eine lateinische Rede an den Kaiser erwähnt, womit die Vertheidigung gegen die Kölner Verläumder gemeint sein soll. Die übrigen Schriften Reuchlins, namentlich aber die zahlreichen, die für ihn von anderer Seite geschrieben wurden, finden sich bei Melanthon nicht erwähnt [3].

Dem reihe ich eine Beurtheilung von Melanthons Nachrichten in Bezug auf den Streit selbst an. Von den Thatsachen wird sehr wenig berichtet. Die Verhältnisse bis zu dem Gutachten, das Gutachten selbst werden im Vergleich zu dem übrigen Umfang der Rede ziemlich umständlich behandelt, kurz wird dann das Speiersche Urtheil, die Appellation der Mönche an den Papst erwähnt, dem folgt eine Schilderung des für Reuchlin sehr günstigen Bodens zu Rom, aber damit ist die Sache abgethan. Weder wird der

---

[1] Schnurrer S. 52. Nr. VI.
[2] Mel. col. 1008. Ueber den Werth der Stelle s. unten.
[3] Nur in einem Punkt muss ich diese Behauptung beschränken. Melanthon sagt: Et quasi classicum canebat suo sodalicio Huttenus, col. 1008. Die Stelle ist bis jetzt nicht beachtet. Sie bezieht sich ohne Zweifel auf den Triumphus Capnionis, der, wie bei seinem Erscheinen, so auch jetzt als Erzeugniss der Huttenschen Muse betrachtet wird; vrgl. Strauss, Ulrich v. Hutten I, 216—225; Böcking, Hutteni opera III, Vorrede zu demselben p. 414—416, worin die Autorschaft Huttens nachgewiesen wird.

dem Speierer vorhergehende wirklich stattgehabte Process zu Mainz erwähnt, der eben mit der Verweisung nach Speier endete, noch des päpstlichen mandatum de supersedendo gedacht, das einen einstweiligen äusseren Abschluss des Streites bildete; die Weigerung der Kölner, die Kosten, zu denen sie das Speiersche Gericht verurtheilt hatte, zu zahlen, wird übergangen, ebenso die Wirksamkeit Franz von Sickingens für Reuchlin, die nochmaligen Anstrengungen der Kölner, die Sache vor dem päpstlichen Hofe zu einer für sie günstigen Entscheidung zu bringen, und die schliessliche Wendung, dass die Mönche sich zur Bezahlung der Kosten und damit zum indirekten Eingeständniss ihrer Niederlage verstanden [1]). Selbst in dem, was Melanthon berichtet, ist er nicht vollständig. Der Process in Speier wird wol erwähnt, aber der zur Charakteristik der Verfahrungsweise beider Parteien so überaus wichtige Gang desselben, der Inhalt der *für* Reuchlin gefällten Entscheidung wird übergangen. Während eine Aufzählung der Gönner Reuchlins in Rom versucht wird, werden einige sehr einflussreiche ausgelassen und die beiden sicherlich thätigsten Caspar Wikt, der Prokurator Reuchlins und Martin Groning, des letzteren Uebersetzung des Augenspiegels ins Lateinische,

---

[1]) Alle diese Ereignisse können hier nicht weiter erzählt, auch nicht für die einzelnen Quellenbelege beigebracht werden. Ich bemerke nur, dass der Streit, trotzdem er so vielfach und so ausführlich erzählt worden ist, doch noch nicht in der Weise dargestellt ist, wie er sich aus den Quellen ergibt. Namentlich sind die zahlreichen Invektiven und Libelle, die von den Anhängern Reuchlins herausgegeben wurden, völlig einseitig als Quelle benutzt worden. Hier soll nicht vorschnell über deren Werth abgeurtheilt werden, aber einer unbefangenen Geschichtsbetrachtung geziemt es nicht, ohne die Gründe und Berichte der Gegner zu prüfen, dieselben mit dem Prädikat „lügnerisch, verfälscht" zurückzuweisen. Das ist bis jetzt von allen Biographen Reuchlins geschehen. Die Berichte der Gegner R.'s sind meist gar nicht gelesen worden, während z. B. jede Angabe aus den Briefen der Dunkelmänner als baare Münze in Cours genommen wurde. Wie nachtheilig alles dies gewirkt hat, kann hier im Einzelnen nicht gezeigt werden.

die wol am meisten zu einer Umstimmung der massgebenden Kreise für Reuchlin beitrug, sowie alle in unendlicher Fülle sich darbietenden Einzelheiten während und nach der Anhängigmachung des Processes in Rom, nicht erwähnt.

Auch andere Ereignisse haben bei Melanthon keine Stelle gefunden und sind mit aus diesem Grunde von den Späteren übergangen worden. Die Jugend Reuchlins wird von Melanthon so dargestellt, dass er nach Erlernung der Anfangsgründe der Musik unter die Knaben, die in der Kirche zu singen hatten, aufgenommen wurde, von da als Sänger an den badischen Hof kam, hier, da er in der Grammatik vorgeschrittener war, als die Uebrigen, dem jungen Markgrafen von Baden beigegeben und bald darauf mit ihm nach Paris geschickt wurde [1]). Dass dabei alle und jede Zeitbestimmung, jede Angabe des Alters, in dem Reuchlin gewesen ist, fehlt, ist schon oben gezeigt worden. Abgesehen davon klingt die ganze Erzählung Melanthons höchst wunderbar. Man mag Reuchlins Stellung nennen, wie man will, man mag ihn als Informator, Begleiter, Gefährte bezeichnen, das scheint jedenfalls unzweifelhaft, dass er nicht ein unnützes und, können wir hinzufügen, kostspieliges Beiwerk sein sollte, sondern doch ausgewählt war, den etwas jüngeren [2]) und an Kenntnissen tiefer stehenden Markgrafen zu fördern. Dazu befähigte ihn, was Mel. verschweigt, dass R. schon vorher *auf einer Universität gewesen war*. Am 19. Mai 1470 wurde er in Freiburg inscribirt [3]). Wie lange er hier gewesen ist, worauf sich seine

---

[1]) Cum Joannes .. voce valeret, postquam initia Musicae didicit, in collegio eius oppidi adiunctus est adolescentibus, qui ut multis in locis mos fuit, multa praecinunt in templo. Inde in aulam Badensem ad symphoniacos accersitus est, ubi, quia Grammaticam melius didicerat quam alii, statim adiunctus est adolescenti Marchioni Badensi, et aliquanto post cum eo missus est Lutetiam. col. 1001.
[2]) Der Markgraf war 1458 geboren. Lamey S. 87 Anm. 2.
[3]) Ich verweise auf Jörg in Wetzer und Welte Katholisches Kir-

Studien hauptsächlich gerichtet haben, darüber sind wir nicht unterrichtet und ich versuche nicht, bei dem Mangel aller Nachrichten irgendwelche Vermuthungen anzustellen [1]). Nur so viel kann angenommen werden, dass er von Freiburg nach seiner Vaterstadt zurückkehrte, und dass ihn hier seine wissenschaftliche Vorbildung mehr als die übrigen Altersgenossen zu einer solchen Stellung, wie er sie erhielt, befähigte. Ob die äussere Veranlassung, die Mel. berichtet, sein musikalisches Talent, ihn der fürstlichen Familie näher brachte, muss ich dahin gestellt sein lassen [2]).

---

chenlexikon. 1852. (also vor Lamey) Band 9. S. 233 und Klüpfel in Herzog: Realencyklopaedie für protestantische Theologie. Band XII. S. 753. Oehler S. 107. Schreiber: Gesch. der Ludwig-Albert Universität zu Freiburg i. Br. 1857. I. S. 123 hat das falsche Datum 26. Mai. Die Berichtigung verdanke ich der freundlichen Mittheilung des Hn. Prof. Kern, der ich weiter entnehme, dass R. der Sechste der unter dem Rektorate Fried. von Wendelstein (das vom 1. Mai begann) intitulirten Studenten ist (sequentes intitulati sunt studentes). Reuchlin wurde eingetragen als: Johannes Reuchlin de Pfortzen. Albrecht: de singularibus Academiae Albertinae in alias quamplures meritis, Freiburg 1808, p. 13, hat *zuerst* diese Nachricht in den Matrikelbüchern gefunden. Derselbe bemerkt: Res quae diligentissimos quoque Reuchlini biographos latuit, qui eumdem severiora studia primum in Academia Parisiensi anno 1473 coepisse adfirmant. Doch ist die Nachricht, was ziemlich natürlich ist, noch Mayerhoff aber auch Erhard entgangen; erst Vierordt, Geschichte der Reformation in Baden, Karlsruhe 1347. 1. Band. S. 83. A. 3 hat darauf hingewiesen, durch ihn ist wol Lamey darauf aufmerksam gemacht worden. Beide haben nach A. den 19. Mai. Lamey S. 6 und S. 87 A. 7.

[1]) Lameys Worte: „Seine Studien mögen sich hier auf die lateinische Grammatik (Vorlesungen über Donatus oder Priscianus mit zugehörigen Uebungen), Rhetorik, Dialektik und Mathematik beschränkt haben", S. 6, sind doch willkürliche Annahmen, die keinen Werth beanspruchen dürfen.

[2]) Doch bemerke ich, dass Reuchlin sich später gern mit Musik beschäftigte und noch in hohem Alter zu Ingolstadt zur Cither griff, um die Betrübniss über den traurigen Fall des Vaterlandes zu verscheuchen ... citharam, qua saepe mecum solus commodato utor, si quando post immoderatum et crudelem patriae casum animo conster-

Melanthon erwähnt nicht, dass Reuchlin auf dem Reichstage in Worms 1495 gewesen sei. Das Ereigniss würde jedenfalls für Reuchlin — sein Landesherr wurde hier zum Herzog erhoben — Bedeutung genug haben; es sei darum etwas ausführlicher behandelt. Das älteste Zeugniss, das Reuchlins Anwesenheit behauptet, ist Crusius [1]), vielleicht daraus hat es Hortleder [2]) entnommen, ihnen ist Mai [3]) gefolgt, auch Müller [4]) erwähnt, dass „D. Johann Reuchlin genannt Capnio" mit in dem Komitat Eberhards gewesen sei. Ebenso wird von dem würtembergischen Historiographen Steinhoffer [5]) und Sattler [6]) Reuchlins Anwesenheit behauptet, ihnen ist Schnurrer [7]) gefolgt. Zum ersten Male ist die Nachricht gegen die angeführten Zeugnisse von Meiners [8]) bestritten worden, dem ist Mayerhoff [9]) gefolgt; auf Grund derselben Zeugnisse wie Meiners hat auch Erhard [10]) die Anwesenheit Reuchlins geläugnet.

Worauf es hier ankommt, ist ein Briefwechsel Reuchlins mit Johann Syraeus oder, wie er sich zu nennen pflegte, Joannes ex Lupis de Hermansgrün [11]), der als Gesandter von Magdeburg [12]) auf dem Reichstage zugegen war.

---

nato sedaro choleram molior. Reuchlin an Pirckheimer 23. Jan. 1520 in Opp. Pirckh. ed. Goldast. p. 260.

[1]) Annales Sucuici Pars III, lib. IX, cap. V, p. 500.
[2]) Von den Ursachen des teutschen Krieges lib. III, cap. I, p. 614.
[3]) Annotationes p. 184.
[4]) Reichstagstheater unter Maximilian I. Bd. 1, S. 549a.
[5]) Würtembergische Chronik. III. S. 551.
[6]) Geschichte Würtembergs unter den Grafen. IV. S. 35.
[7]) Biographische Nachrichten u. s. w. S. 15.
[8]) I. S. 58.
[9]) S. 30 Anm. 2.
[10]) II. S. 179.
[11]) Er findet sich in Epp. ill. vir. d2ᵃ—d4ᵇ, wieder abgedruckt bei Müller a. a. O.
[12]) in splendidissimis Imperii Romani Comitiis apud Vangiones Oratori Maidburgensi schreibt ihm Reuchlin. Gesandter des Erzbischofs oder der Stadt? letzteres meint K. Hagen: Deutschlands rel. und lit. Verh. im Reformationszeitalter. 1. Band. S. 160.

Der erste Brief dieser Reihe von Syraeus, undatirt, gehört jedenfalls an den Schluss, er redet bereits von dem *Herzog* von Würtemberg und gibt Nachrichten, die der Schreiber selbst in dem bei uns zuletzt stehenden Brief mitzutheilen verspricht. In dem zweiten Brief, Antwort Reuchlins aus Tübingen 14. Juli 1495, bewegt sich der Schreiber in Freundschaftsversicherungen, Bildern und allegorischen Erklärungen; in einem der Zeit, wenn auch nicht der Stelle nach, die ihm angewiesen ist, folgenden Briefe Reuchlins gibt er ein Inhaltsverzeichniss des fünften Gesanges der Ilias mit vergleichender Beziehung auf deutsche Verhältnisse. In der Mitte zwischen beiden steht ein Gedicht Reuchlins, das durch sein Datum „Monat August" beweist, dass es mit keinem der beiden Briefe zusammen abgeschickt sein kann. In demselben erwähnt Reuchlin die Ermahnung, die ihm von Syraeus zugekommen sei [1]), die Erhebung Eberhards zur Herzogwürde durch ein Gedicht zu besingen [2]), und entschuldigt sich, dass er dazu nicht befähigt sei. Syraeus möge das thun, dem die grossen Ereignisse selbst mit anzusehn gestattet sei; er werde hier im Hause zurückgehalten, die getäfelte Decke, der schattige Giebel verhindere ihn zu dichten. In einem Briefe des Syraeus an Reuchlin (12. Aug.) meldet dieser, dass der Herzog von Würtemberg ihn aufgefordert habe, an Reuchlin zu schreiben und gesagt habe, *er werde ihm schnell einen Boten schicken* [3]).

Daraus geht das Eine deutlich hervor, dass Reuchlin bei der Erhebung Eberhards zum Herzog 21. Juli nicht zugegen war. Wahrscheinlich scheint aber, dass Reuchlin noch nach diesem Zeitpunkt hingekommen, vielleicht vom Herzoge wichtiger Geschäfte wegen berufen worden ist —

---

[1]) Ich bemerke, dass in den uns erhaltenen Briefen des Syraeus eine solche Aufforderung sich nicht findet.
[2]) Hortaris facili committam nomina Musae
 Clara ducis nuper qui fuit ante Comes.
[3]) Illustris Dux de Vuirtemberg iussit ut ad te scriberem, dixitque se nuncium propere missurum.

möglich, dass die Botschaft, die er ihm eilends zuschicken wollte, diese Aufforderung enthielt. Wenigstens wird auf diese Weise ein Brief vom 5. Okt. — das Jahr ist leider nicht angegeben — am besten, vielleicht allein so erklärt werden können, in welchem Dalburg, der sich in Ladenburg in unangenehmen Verhältnissen befand, den Reuchlin, *der sich in Worms aufhielt*, bei seiner Freundschaft beschwört, aufs Schnellste zu ihm zu eilen [1]). In einen andern Zusammenhang kann ich diesen Brief nicht bringen, denn es lässt sich nicht beweisen, dass sonst Reuchlin jemals in Worms gewesen sei. Namentlich ist aber zu betonen, dass schon so alte Berichterstatter wie Hortleder und Crusius, vorzüglich solche, die aus alten Akten zu schöpfen Gelegenheit hatten und dies meist zuverlässig thaten, von denen doch kein Einziger irgend welches Interesse daran haben konnte, einen Aufenthalt Reuchlins auf diesem Reichstage zu erfinden, davon berichten. Mit ihren Zeugnissen werden wir daher durchaus für den Aufenthalt Reuchlins in Worms — freilich mit der oben gemachten Beschränkung — eintreten müssen [2]).

---

[1]) Quod Vuormaciae es in hac impura tempestate, duplici ex causa gaudeo.... Scito et me prius quam de tuo adventu certior essem factus, destinasse animo, et omnino constituisse, abs te pro nostra amicicia et mutua benevolentia exigere velle, ut quam citissime ad nos convolares, amicissimi et constantissimi hominis officium ostensurus.... Sum Laudenburgii adventum tuum ardentissime expectans. Epp. ill. vir. k1b. Noch bemerke ich, dass von keinem Biographen Reuchlins dieser Brief angeführt worden ist; selbst Erhard, der diesen sowie einen andren Brief Dalburgs an Reuchlin 12. Dec. 1491 Epp. ill. vir. k1a fg. als Anhang zu seinem Leben Dalbergs (Geschichte des Wiederaufblühens u. s. w. I, 370 ff.) mittheilt, versucht nicht eine Zeitbestimmung zu geben. In der Lebensbeschreibung selbst nimmt er, soweit ich sehe, auf den Brief keine Rücksicht.

[2]) Dagegen darf nicht angeführt werden, dass ein Brief des Sebastian Brant an Reuchlin vom 1. Okt. 1495 vorhanden ist: Epp. ill. vir. f4b fg. Denn immerhin brauchte der in Basel lebende Brant von der Entfernung Reuchlins von seinem damaligen Aufenthaltsorte Tübingen keine Kunde zu haben.

IV.
Unrichtige Angaben.

Haben wir so gesehen, dass Melanthon keineswegs in allen Fällen Vollständigkeit darbot, wie man es von einem verlässigen Berichterstatter verlangen müsste, so ist er im Gegentheil manchmal übervollständig gewesen; er bringt Nachrichten, deren Richtigkeit sich andern Zeugnissen gegenüber nicht wird erweisen lassen, oder er versetzt Ereignisse, die nicht bezweifelt werden sollen, in einen Zusammenhang, in den sie nicht gehören.

Unter den ersteren stelle ich obenan, dass Reuchlin von Wessel hebräisch gelernt habe [1]). Nach Melanthons Worten scheint es zweifelhaft, ob Reuchlin diesen Unterricht in Basel oder in Paris empfangen hat [2]); richtig kann die Nachricht indessen nur auf Paris bezogen werden [3]).

Anders hat Stälin: Wirtembergische Geschichte. III. S. 640 A. 2 die Sache zu wenden gesucht, der Reuchlin mit unter den Begleitern Eberhards sein, aber bereits vor der Erhebung E.'s Worms verlassen lässt. Dagegen wende ich ein, dass sich einmal durchaus kein Grund einsehen lässt, warum R. nicht diesem für ihn wichtigsten Akte beigewohnt haben sollte, wenn er einmal in Worms war, dass andrerseits in dem oben angeführten Briefwechsel sich nicht die mindeste Hindeutung darauf findet, dass Reuchlin schon vorher in Worms gewesen sei. An dem richtigen Datum der Briefe, das Stälin nicht für sicher hält, lässt sich hier nicht zweifeln.

1) Colebat autem adolescens Capnio senem Wesselum, eo maiore reverentia, quia eum antea Lutetiae noverat, et cum ei familiaris esset, elementa linguae Ebraeae ab eo didicit. Mel. col. 1002.

2) Sollte es auf Paris bezogen werden, so hätte Mel. sagen müssen cum .. didicerat, um es als zu Basel gehörig erscheinen zu lassen, wäre wol discebat, dem colebat entsprechend, correcter gewesen.

3) Denn ein Aufenthalt Wessels in Basel darf nicht angenommen werden; das einzige, das für diese Annahme spricht, ist unsere

Der Bericht ist auf Melanthons Autorität vielfach als wahr angenommen worden. Mai schliesst sich nicht nur in der Sache, selbst in den Worten Melanthon an, bezieht es aber fälschlich auf Basel [1]). Dasselbe gibt Meiners [2]) wieder: „Reuchlin hatte das Glück, auf dieser hohen Schule (Basel) den Johann Wessel von Gröningen zu finden. Wessel unterrichtete den jungen Reuchlin in den Anfängen der hebräischen Sprache." Das berichtet auch Schnurrer [3]),

Stelle. Brucker, Historia critica philosophiae IV, 1. p. 360, hat darauf aufmerksam gemacht, dass in den Universitätsakten von Basel sich keine Spur von Wessels Aufenthalt findet. Das wird auch durch das Fehlen seines Namens in Athenae Rauricae (s. o. S. 16 Anm. 2) bestätigt; auch V. Vischer, Gesch. d. Univ. Basel, erwähnt nichts von einem Aufenthalte Wessels. Wenn Ullmann, Reformatoren vor der Reformation II, S. 359 Anm. 2, das daraus zu erklären sucht, dass Wessel in Basel nicht öffentlich, sondern privatim gelehrt habe, das nimmt auch Schnurrer S. 8 Anm. 2 an, also nicht eigentlich zu den Universitätslehrern hätte gerechnet werden können — eine Annahme, die schon Brucker zurückweist: Falsum quoque esse, nec ullo indicio vero constare, quod professionem extraordinariam sibi demandatam accepisset und die wieder nur durch eine andere Angabe Melanthons in der Rede über Rudolf Agrikola, Corp. Ref. XI, col. 444. Wesselum . . Basileae Graecas et Ebraicas literas eodem tempore tradidisse studiosis, si qui eum audire cupierant gestützt scheint —, so ist darauf kein Gewicht zu legen. Es scheint ganz allgemeine Regel gewesen zu sein, dass ein Gelehrter, sowie er nach einer Universitätsstadt zu irgendwie längerem Aufenthalte zog, in die Bücher inscribirt wurde. Ich erinnere nur an den 64jährigen Reuchlin, dem dies geschah, als er 1519 nach Ingolstadt kam, ohne zuerst irgend ein Lehramt zu bekleiden; vgl. Annales Ingolstadiensis Academiae ed. Nep. Mederer. Ingolst. 1782. I. p. 110. — Als Analogon für Wessel ist nicht, wie das Schnurrer a. a. O. und Mayerhoff S. 10 Anm. 1 thut, Andronikus Kantoblakas heranzuziehen, denn wenn auch er freilich in den Athenae Rauricae fehlt, so haben wir andere ganz bestimmte Zeugnisse, die seinen Aufenthalt nicht verneinen lassen; Reuchlin berichtet selbst, dass er in Basel seinen Unterricht genossen habe (s. o. S. 19) und wir haben noch einen Brief von ihm, der aus Basel 1477 datirt ist (a. a. O.). Das haben wir bei Wessel durchaus nicht.

[1]) Annotationes p. 154 sq.
[2]) I, S. 49.
[3]) Biogr. Nachrichten. S. 8.

die Gewissheit der Nachricht freilich mit einem „soll" etwas beschränkend. Mayerhoff [1]) macht auf den Widerspruch Melanthons mit einer Nachricht Reuchlins aufmerksam und sucht beide Berichte in ziemlich unglücklicher Weise zu vereinigen. Auch Erhard [2]) lässt Reuchlin, unbestimmt wo, von Johann Wessel die erste Anleitung zum Studium der hebräischen Sprache erhalten, sie im Drange anderer Geschäfte und beim Mangel aller nöthigen Hülfsmittel wieder vernachlässigen. Lamey [3]) nimmt den Unterricht nicht an, ist aber, wo er Mayerhoff bekämpft, als hätte dieser die Nachricht als bestimmt angenommen, — was dieser eigentlich nicht thut —, nicht ganz genau. Am ausführlichsten hat die Sache Ullmann [4]) behandelt. Ich führe zuerst seine Worte an: „Auch ward Reuchlin *vielleicht* von Wessel in der Kenntniss der Sprache unterrichtet, durch deren Wiedererweckung in der christlichen Welt er späterhin so berühmt wurde, *doch ist das ungewiss, ja sogar unwahrscheinlich.*" In einer Anmerkung fügt er hinzu: „Die Annahme, dass Reuchlin vor dem Unterricht, den er von Loans empfangen (s. u.), die ersten grammatischen Vorkenntnisse sich selbst erworben hätte, *würde nicht gerade ausschliessen* [5]), dass er von Wessel einigen Unterricht

---

[1]) S. 10, namentlich S. 28 Anm. 3.
[2]) II, S. 175.
[3]) S. 87 fg. Anm. 10.
[4]) a. a. O. S. 341 Anm. 3.
[5]) Das brauchte sie allerdings nicht zu thun, aber wodurch die Annahme, dass Reuchlin selbst sich einige hebräische Kenntnisse erworben habe, gestützt werden soll, weiss ich nicht. Es bleibt doch immer zu bedenken, dass er nicht das mindeste Hülfsmittel dazu haben konnte, denn die einzige hebräische Grammatik, die existirte, das Sepher Michlol (Buch der Vollkommenheit) von Kimchi war hebräisch abgefasst und daher für einen der Sprache unkundigen ohne Lehrer gar nicht zu gebrauchen. Selbst wenn man aber die gar nicht zu rechtfertigende Behauptung aufstellen wollte, dass Reuchlin dies dennoch fertig gebracht habe, so bleibt die Frage übrig, woher denn Reuchlin diese Grammatik habe bekommen sollen, denn erst

empfangen. Indess *wäre es auch sehr wol möglich*, dass die Angabe Melanthons von Reuchlins hebräischem Unterricht bei Wessel auf unhaltbarer Ueberlieferung beruhte." Solche geschraubte Ausdrucksweise kann zu keiner befriedigenden Auskunft führen; hier handelt es sich darum, eine einfache, bestimmte Entscheidung zu geben.

Ich habe schon mehrfach zu bemerken Gelegenheit gehabt, dass zu einer Kritik der Angaben Melanthons eigene Aeusserungen Reuchlins und Mittheilungen seiner Freunde die beste Handhabe geben. Soweit ich sehe, findet sich von Beziehungen Reuchlins zu Wessel in Aeusserungen des Ersteren keine Spur. Dagegen hat Agrikola in einem Briefe an Reuchlin Nachricht davon gegeben [1]). Nachdem er seine Absicht ausgesprochen, hebräische Studien eifriger zu betreiben, fährt er fort: Unser Wessel, von dem Du schreibst, dass er Dich abgeschreckt habe, spornte mich eifrig an, vielleicht nur meiner Neigung nachgebend und dem Renner, wie man zu sagen pflegt, noch die Sporen eindrückend [2]). Was das sagen will, ist wol deutlich genug. Wessel hat in Paris, wo er mit dem jungen Reuchlin verkehrte und ihn mehr zur theologischen Richtung hinzuführen sich bestrebte, trotz der Neigung, die dieser zum Studium der he-

---

1498 hatte er in Rom Gelegenheit, sich dieselbe multis ducatis anzuschaffen. Vgl. Lamey S. 92 Anm. 44.

[1]) Der Brief findet sich Epp. ill. vir. i4ᵇ, 9. Nov., Heidelberg, ohne Jahreszahl, daher entweder 1483 oder 1484, da Agrikola 1485 um diese Zeit nicht mehr lebte und erst im Frühling 1483 nach Heidelberg kam; vgl. Meiners II, S. 341 u. 349. Das älteste Zeugniss für Agrikola's Todesjahr, worauf es hier ankommt, das Meiners nicht kennt, finde ich in Johannis Trithemii Catalogus Illustrium virorum in seinen Opp. ed. Freher. Frankfurt 1601. vol. I. p. 165. Moritur Heydelbergae mente in Deum porrectissima sub Frederico Imperatore tertio et Innocentio papa octavo anno Domini mill. CCCCLXXXV. indictione III.

[2]) Basilius quoque noster, quem deterruisse te scribis, acriter me incitavit, secutus tamen fortasse impetum meum, et calcaria (ut dicitur) currenti subdens.

bräischen Sprache verspürte, ihn von demselben abgeschreckt, *ist mit einem Worte sein Lehrer nicht gewesen.*

Zu diesem positiven Beweise bringe ich eine Reihe negativer. Von vornherein kann man sagen: Reuchlin hat gern und oft von seinen Lehrern gesprochen, und wie er in Bezug auf alle übrigen Kenntnisse, die er erworben hatte, sprachliche und sachliche, keinen, bei dem er Unterricht erhalten hatte, verschwieg, so ist in aller Welt kein Grund zu finden, warum er die Unterweisung durch Wessel, hätte sie stattgefunden, unerwähnt gelassen haben sollte. Aber Wessels Name wird in der That nirgends erwähnt. An 2 Stellen seiner Rudimente [1]) nennt er ausdrücklich als seine Lehrer Jakob Jehiel Loans, den Leibarzt Kaiser Friedrich III., von dem er 1492 zu Linz, und Jacob ben Obadja Sfurno, von dem er 1498 zu Rom Unterricht empfangen habe und bemerkt bei Ersterem, dass dieser *der erste gewesen sei, der ihn die Sprache gelehrt habe* [2]); eine eigene handschriftliche Notiz in einem seiner noch erhaltenen Bücher gibt, während sie die beiden oben genannten Lehrer mit genauer Zeitangabe, ersteren wieder mit dem Zusatz, dass er der erste gewesen [3]), erwähnt, von Wessel keine Kunde. Dazu kommt noch ein Anderes. Reuchlin sagt selbst, dass er die Sprache *in nicht mehr jugendlichem Alter* erlernt habe. Das kann auf seinen ersten Aufenthalt in Paris, wo er mit Wessel zusammentraf, *und wo er das zwanzigste Jahr noch nicht erreicht hatte,* doch unmöglich passen, aber recht gut auf den Aufenthalt in Linz, wo Reuchlin fast im vierzigsten Lebensjahre stand. Gerade dieser Umstand, dass er nicht mehr in der für die Aufnahme neuer Kenntnisse empfänglichen Jugendzeit sich mit der hebräischen Sprache zu beschäftigen anfing, gab seinen Gegnern

---

[1]) Einl. z. 1. u. 3. Buche. p. 3 u. p. 547.
[2]) Is me supra quam dici queat, fideliter literas hebraicas *primus edocuit.*
[3]) *Primus fuit* Jacobus Jehiel Loans bei Maius, Annotationes p. 514.

Anlass zu bemerken, dass er deswegen es wol nicht weit in derselben gebracht haben würde, wogegen er sich aber vertheidigt: Alle, die nach den Aposteln der Kirche durch ihre Kenntniss des Hebräischen Dienste erwiesen, hätten sie erst im vorgerückten Alter zu lernen begonnen [1]), so Origenes, Hieronymus, Nikolaus de Lyra, von denen allen berichtet wird, dass sie erst bei herannahendem Alter sich mit Hebräisch beschäftigt hätten [2]). — Nach allen diesen Gründen muss ich die Angabe Melanthons, als wäre Wessel Reuchlins Lehrer gewesen, als unrichtig verwerfen [3]).

An einen anderen Mann, den ich bereits im Obigen erwähnt habe, und dessen nahe Beziehungen zu Reuchlin nicht geläugnet werden können und sollen, — ich meine Rudolph Agricola — knüpft sich ein andrer, viel augenfälligerer Irrthum Melanthons: Reuchlin habe bei seinem Aufenthalt in Heidelberg, wohin er von Würtemberg aus, nach dem Tode Eberhards im Bart floh, also Ende 1496, unter anderen Freunden auch den Agricola getroffen [4]). Es bedurfte nur der Autorität Melanthons, um viele zu vermögen, diese Nachricht zu glauben und als wahr auszupo-

---

[1]) Einl. z. 3. Buch d. Rud. hebr. Nemo ferme omnium post apostolos orthodoxam ecclesiam hebraicis literis illustravit qui non eas in profecta aetate discere coeperit.

[2]) qui omnes appropinquante senio primum hebraicis studuisse probantur.

[3]) Das thut auch Oehler S. 108 Anm. * und S. 113 Anm. *, der fast Alles vorbringt, was ich im Vorstehenden entwickelt habe. Ich habe nichtsdestoweniger das Meinige stehen lassen, weil es doch im Einzelnen Oehler ergänzt und mehr ins Specielle eingeht, das dieser nicht berühren konnte.

[4]) Capnio fugit in aulam Palatinam, ubi tunc erant (Bretschn. erunt!) viri ipsi amicissimi, Dalburgius episcopus Vangionum, Plinius Cancellarius, Rodolphus Agricola, et Vigilius. Ueber Dalburg ist schon oben S. 46 gesprochen, Plinius ist Theodoricus de Pleningen oder Plieningen, Freund Dalburgs, Kanzler der Universität Heidelberg, vgl. Epp. ill. vir. d 1 über Vigilius (Wacker), das. g 3 u. 4.

saunen. Das hat unter andern Bruns [1]) und Brucker [2]) gethan, vor allem Mai [3]), und Meiners [4]), der indess später seinen Irrthum zurücknahm [5]). Zur Widerlegung desselben brauche ich nur darauf hinzuweisen, dass Agrikola bereits 1485 gestorben ist [6]) und dass es daher wohl nicht gut möglich war, dass Reuchlin 11 Jahre später mit ihm freundschaftlichen Umgang pflog.

Eng mit dieser Nachricht hängt eine andere zusammen. Melanthon sagt, dass Reuchlin dem Pfalzgrafen Philipp einen Auszug der Weltgeschichte nach der Reihenfolge der vier Monarchien aus Herodot und Xenophon und aus andern guten Schriftstellern, die nachher macedonische und römische Geschichte schrieben, verfasst habe [7]). Das hat schon früh zu Bedenken Anlass gegeben. Bereits Mai, und, vielleicht durch ihn angeregt, alle die, die eine wirkliche Lebensbeschreibung Reuchlins geliefert haben, haben sich hierüber geäussert, wenn auch die wenigsten zu einem bestimmten Resultat gekommen sind.

---

[1]) In dem unendlich schwülstigen und unselbständigen Elogium Joannis Reuchlini in: Acta societatis Latinae Marchio — Badensis inauguralia ed. G. A. Tittel. Carlsruhe 1767. p. 169—209, unsere Stelle p. 199.

[2]) a. a. O. Die Freunde in Heidelberg inter quos numerari merentur praeter Rodolphum Agricolam etc.

[3]) Annotationes p. 195.

[4]) I, S. 162.

[5]) Mayerhoff S. 23 Anm. 2, der mit Recht Meiners wegen dieser falschen Ansicht tadelt, nachdem freilich schon Schnurrer S. 19 ihm in der Darlegung des Richtigen vorangegangen war, hätte nicht sagen dürfen „Meiners folgte darin dem der Geschichte dieser Zeit unkundigen Majus", denn die Quelle für diesen ist eben Melanthon, und hätte ferner sehen müssen, dass Meiners II, S. 394 in seinen Verbesserungen zum 1. Band den Irrthum wieder gut macht.

[6]) Meiners II, S. 349 und oben S. 50 Anm. 1.

[7]) Ibi et Philippo Palatino epitomen historiarum composuit, recitata serie monarchiarum ex Herodoto et Xenophonte, et ex aliis bonis scriptoribus, qui postea res Macedonicas et Romanas descripserunt. col. 1004.

Ehe ich darauf eingehe, muss ich zur Vergleichung eine andere Stelle herbeiziehn. In einer Rede über Rudolf Agrikola erzählt Melanthon [1]), wie dieser in Gesprächen mit dem Pfalzgrafen Philipp oft Ereignisse aus der griechischen und römischen Geschichte erwähnt habe. Der Fürst habe ihn darauf gebeten, eine ununterbrochene Reihe der vier Monarchien zu verfertigen, Agrikola habe diesem Wunsche entsprochen und über Assyrer und Perser aus der Bibel und Herodot, über griechische Geschichte aus Thucydides und Xenophon, über macedonische aus Diodor und Polybius die Erzählung entnommen. Auch römische und

---

[1]) Diese Angabe ist vielleicht zu beschränken; wenigstens lautet der Titel der Rede: Oratio de vita Rudolphi Agricolae, Frisii, mense Julio habita a Joanne Saxone Holsatiensi, cum decerneret titulum Magisterii quibusdam honestis et eruditis iuvenibus in acad. Wirtebergensi. Corp. Ref. XI. sol. 438—446 aus dem J. 1539, und in den Briefen Melanthons aus diesem Jahre finde ich auch nicht eine Stelle, in der er sich als Verf. bekennt. Nur einmal wird in ihnen des Agrikola gedacht. Vito Theodoro 26. Okt. C. R. III. col. 801 nr. 1866. Ago annum climactericum, videlicet alterum et quadragesimum, qui multis fuit fatalis, Rudolfo Agricolae .. Merkwürdig ist, dass in der Rede über Agrikola, in welcher seinem Heidelberger Aufenthalt eine ziemlich ausführliche Beschreibung gewidmet ist, unter den Freunden, mit denen er verkehrte, *Reuchlin nicht genannt ist*. Was den Autor anbetrifft, so bemerke ich, dass Ullmann II, S. 359 Anm. 2 den Joh. Saxo als Verfasser nennt (vgl. oben S. 9 A. 1). Ob ich *für* die Autorschaft Melanthons anführen soll, dass die Rede bereits in einer zu Lebzeiten Mel.'s veranstalteten Ausgabe seiner Deklamationen steht (Corp. Ref. a. a. O.), weiss ich nicht. Nur darauf möchte ich hinweisen, dass bei Gelegenheit der Erwähnung Wessels in beiden Reden (über Agrikola und Reuchlin) fast dieselben Worte gebraucht werden. In der ersteren: Lutetia pulsus propter taxatas superstitiones venit Basileam, in der letzteren: venit Basileam .. Wesselus, pulsus Lutetia, propterea quod errores quosdam Theologorum taxasset, dass auch sonst, namentlich in der hier zu betrachtenden Stelle über die Epitome, der Styl beider viel Aehnlichkeiten zeigt, so dass wol auch hier Melanthon, wenn nicht als der alleinige Verfasser, so doch als Theilnehmer, und als verantwortlich für die Angaben derselben erscheinen muss.

deutsche Geschichte habe er seiner Darstellung beigefügt. Selbst der Zweck, den Agrikola dabei verfolgt habe, wird angegeben, die Erzählung sollte den Fürsten an das Entstehen und den Untergang aller Dinge erinnern ¹).

Beide Angaben zu vereinigen hat Mai versucht. Nachdem er die beiden widersprechenden Angaben Melanthons berührt hat, meint er sehr naiv: Unde ne repugnantia dicat, necesse videtur, saltem verosimile, statuere, hos eruditionis omnis in Germania duumviros sociatis laboribus opus aggressos esse ²). Denselben Weg hat ohne weitere Umschweife Bruns ³) eingeschlagen. Der einfachste Weg, widersprechende Angaben zu beseitigen, ist das freilich; hier ist nur der Umstand störend, dass Agrikola 11 Jahre früher, als Reuchlin nach Heidelberg kam, gestorben ist. Und so wird es zur Bekräftigung dieser Nachricht wenig helfen, dass Manlius dies Werk als gemeinsame Arbeit beider Männer erwähnt, trotzdem diese Erzählung mit den anspruchsvollen Memini Capnionem narrare beginnt ⁴).

Also diese Vereinigung beider Angaben ist nicht möglich, eine andere ist versucht worden. Aber sie ist noch unglücklicher gerathen. Zusammen können die beiden Männer nicht gearbeitet haben, aber, meint Mayerhoff ⁵), der Churfürst Philipp habe den Agrikola aufgefordert, ein solches Werk zu schreiben, die Ausführung habe nicht stattgefunden, und Reuchlin habe den fallen gelassenen Plan wieder aufgenommen ⁶). Der ganze Gedanke ist unglück-

---

¹) Corp. Ref. XI, 444 fg. Die Stelle ist zu lang, um hier ganz mitgetheilt zu werden.

²) Annotationes p. 193.

³) s. S. 53 Anm. 1. p. 199 et in principis (Philippi) gratiam cum Rudolpho Agricola epitomen historiae ex Herodoto aliisque collectam confecit.

⁴) angeführt bei Mai p. 552.

⁵) S. 258.

⁶) Hr. Mayerhoff führt zum Beleg eine Stelle aus Agrikola's Werken an: II, p. 442. Sicht man genauer zu, so steht in dieser Stelle gar nichts darüber, wol aber findet sich in der alten Ausgabe

lich genug, zudem kann er sich nicht auf die Spur eines Beweises stützen; denn was Mayerhoff als Belegstelle anführt, ist nur die Folge eines Irrthums der gröbsten Art. Auch diese Vereinigung ist also zurückgewiesen; nur zwei Möglichkeiten bleiben übrig, entweder Reuchlin oder Agrikola haben die Epitome verfasst ¹). Die Frage wäre sehr leicht zu entscheiden, wenn das Werk von einem der beiden in Frage kommenden Männer als sein Eigenthum in Anspruch genommen würde. Das wird es aber nicht. Und auch die Literatoren haben das Werk keinem der Beiden zugeschrieben; es fehlt in der Sammlung der Werke des Agrikola ²) und Gessner ³), der sehr fleissig und genau alle selbst ungedruckten Schriften Reuchlins bis zu den kleinsten Uebersetzungen herab erhalten hat, erwähnt dieses Werk nicht. Das ist eben das Schlimme, das Werk

---

der Declamationes des Melanthon II, 442 die Stelle über Agrikolas Autorschaft, die ich oben S. 54 Anm. 1 erwähnt habe. Hr. Mayerh., der Meiners, sowie dieser eine falsche Angabe hatte, zu schmähen wusste, aber das viele Vortreffliche, das Meiners hat, aus ihm, ohne auch nur die Quelle zu nennen, sich anzueignen verstand, hat dieses Citat aus Meiners II, S. 348 Anm. * entnommen. Daselbst S. 346 Anm. * wird eine Stelle aus den Opp. Agr. citirt und die folgenden Anmerkungen bis 348 u. s. w. mit ibid. angefangen. Hm Mayerhoff ist nun das Unglück passirt, nicht zu sehen, dass in der Mitte von S. 346 Anm. * eine Stelle aus Mel. Decl. angeführt wird, und die folgenden ib. sich nur hierauf beziehen können!

1) Denn es ist doch nicht in den Quellen ganz begründet, wenn Lamey S. 91 Anm. 29 meint: „Am wahrscheinlichsten ist, dass Reuchlin mit einigen Freunden es verfasste", der indess ganz richtig hinzufügt: „aber nicht mit Agrikola, der schon 1485 gestorben war"; an Lamey anschliessend Oehler S. 116.

2) vgl. Meiners II, S. 357.

3) Gesner: Bibliotheca Universalis sive Catalogus omnium scriptorum locupletissimus ... Tiguri 1545. Auch die folgenden Auflagen die 2. ed. Josias Simler. Tiguri 1574, die 3. ed. Joannes Jacob Frisius. Tiguri 1583, die sonst manche Zusätze haben, erwähnen hiervon nichts.

scheint nicht gedruckt ¹), und so wird auf diesem Wege keine Entscheidung der Frage möglich sein.

Für Reuchlin spricht eine Stelle, die in den Sammlungen der Melanthonischen Reden, auch in der neuesten ²) sich findet. Da wird erzählt, dass Reuchlin die Weltgeschichte für den Herzog (oder Grafen) Eberhard von Würtemberg verfasst habe ³). Aber auf diese in einer 1552 gehaltenen Rede stehende Nachricht ist kein Gewicht zu legen. Denn wenn auch die Autorschaft der Rede Melanthon nicht abgesprochen werden kann ⁴), so ist die Nachricht

---

¹) Dagegen scheint zu sprechen, dass Lamey S. 31 fg. sagt: „Reuchlin schrieb eine kurzgefasste Weltgeschichte, welche den Stoff der alten Geschichte unter die vier Weltmonarchien vertheilt (assyrische, persische, makedonische und römische), eine Form, die bis an die Schwelle unserer Zeit massgebend geblieben ist. Wenigstens in der Pfalz, und noch der Verfasser dieser Darstellung hat seinen ersten historischen Unterricht aus den vier Monarchien geschöpft, die er in deutscher Bearbeitung unter den Büchern seines Vaters fand." Aber Herr Prof. Lamey bemerkt hier durchaus nicht, und noch bestimmter in einer freundlichen Zuschrift an mich, in der er freilich bedauert, das Buch nicht mehr auffinden zu können, dass auf diesem Werke Reuchlin als Verfasser genannt sei; und gerade das ist der Punkt, auf den es bei der Entscheidung allein ankommt, denn bekannt ist ja, dass am Ende des 15., namentlich aber im 16. Jahrhundert Weltgeschichten in dieser Form ganz beliebt waren.

²) De Eberhardo Duce Wurtemb. Corp. Ref. XI. coll. 1021—1030. Nr. 130.

³) Capnio historiam continuam de Monarchiis contexuit, et elementa Juris civilis, quae utcunque viam ei (sc. duci) monstrarent in iudicando. coll. 1026.

⁴) Bretschneider sagt a. a. O. vor der Rede (cf. ep. Mel. dd. 25. Dec. 1552). Ein Brief von diesem Datum, eine Universitätsschrift Scholasticis überschrieben, Corp. Ref. VII, coll. 1157—1160 Nr. 5288, handelt aber von den Meinungen des Stankarus. dagegen findet sich in einem undatirten, ins Jahr 1552 gesetzten Brief an Camerarius das. coll. 1164 Nr. 5294: Nunc in manibus habeo historiam Ebrarti (!) ducis Wirtebergensis, qui fuit οἰκιστής Academiae Tubigensis. Dazu die Anm. **: Secundum Mylium in Chronol. Libror. Melanth. oratio de Eberhardo Dua Wirt. prodiit a 1552. *Sed in nulla epistolarum huius anni Mel. hanc orationem commemoravit.* Da in manibus ha-

über die Weltgeschichte aus der Rede über Reuchlin geflossen, nur in falschen Zusammenhang gebracht, und ich kann ihr durchaus keine Beweiskraft beilegen ¹).

Indess sie ist von den Früheren gar nicht beachtet worden. Schnurrer sagt dem Melanthon in unserer Rede über Reuchlin folgend ²): „Für den Churfürsten selbst verfasste er .. einen kurzen Begriff der Weltgeschichte nach den vier Monarchien." Auch Erhard hat es für ein Werk Reuchlins erklärt, und seine Worte ³): „dieser kurze Abriss der Weltgeschichte sei das erste in Teutschland mit classischem Geiste geschriebene kurze aber gründliche Compendium dieser Art" gewesen ⁴), machen uns lüstern genug, das Werk kennen zu lernen, oder wenigstens zu erfahren, worauf diese gewagten, volltönenden Lobsprüche sich stützen.

Aber die, die Reuchlins Autorschaft an der „Weltge-

---

here „unter der Hand haben, an etwas arbeiten" bedeutet, so ist freilich an der Autorschaft Mel.'s kein Zweifel.

¹) Pfister, Eberhard im Bart S. 87 fg., kennt die beiden für R.'s Autorschaft sprechenden Stellen — freilich nur aus abgeleiteten Quellen Alting, Seckendorf — die für Agr. dagegen nicht. Sein Versuch, beide Nachrichten in Einklang zu bringen, dass, falls die Weltgeschichte für Philipp verfasst sei, dies einen früheren Entwurf nicht ausschliesse, würde, wenn R. überhaupt als Verfasser angesehen werden kann, Beachtung verdienen.

²) Biographische Nachrichten S. 18 fg.

³) II, S. 190.

⁴) vgl. auch das. S. 229 eine nochmalige kurze Erwähnung des Werkes bei Gelegenheit der Würdigung von Reuchlins Verdiensten um die Geschichte. Wenn Erhard S. 189 über die Entstehungsgeschichte des Werkes ferner erzählt: „Der Kurfürst wohnte oft den Unterhaltungen bei, welche Dalberg, Reuchlin und Pleningen über Gegenstände des Alterthums unter einander führten und äusserte dabei einst den Wunsch, die Weltgeschichte ..." so kann ich das nur als ein willkürliches Zusammentragen von gar nicht zu einander gehörigen Nachrichten bezeichnen. Dass auch Ullmann, Reformatoren II, S. 369 den Abriss der Weltgeschichte von Reuchlins Hand entstehen lässt, ohne auf Näheres einzugehn, mag hier kurz erwähnt sein.

schichte" behaupten — einzig und allein auf die Autorität Melanthons in unserer Rede — haben die Stelle Mel. in der Rede über Agrikola übergangen. Und gerade auf diese ist alles Gewicht zu legen. Nicht nur, dass sie bedeutend länger ist, als die im Leben Reuchlins, dass sie den Plan, den Agrikola bei dem Werke verfolgte, bis in die Einzelheiten scharf darlegt, und in solcher Weise redet, dass es durchaus undenkbar ist, Melanthon habe mit den Worten ein unvollendet gebliebenes Werk, zu dem nur der Plan entworfen wäre, ohne ausgeführt zu sein, bezeichnen wollen, — sondern sie ist, was sehr in Betracht kommt, 13 Jahre früher als die spätere Aeusserung und berechtigt durchaus diese als mit ihr in keiner Weise in Einklang stehend zu verwerfen. So stimme ich Meiners [1]) vollkommen bei, der von einer andern Nachricht Melanthons sprechend, die Worte braucht, sie scheine ihm eben so verdächtig, als dass Reuchlin Verfasser der Epitome Historiarum gewesen sei, und schreibe mit ihm die Autorschaft an dem Werke dem Agrikola [2]) zu. Vielleicht ist zu bedauern, dass uns das Werk, das Interesse genug haben würde, nicht erhalten scheint.

War in dem vorhergehenden ein mehr literarischer Irrthum zurückzuweisen, so wird im Folgenden zu zeigen sein, dass auch die rein historischen Angaben der Zuverlässigkeit nicht selten entbehren. In anderem Zusammenhange [3]) habe ich schon gezeigt, dass der Bericht über die Erlangung der schwäbischen Bundesrichterwürde fast in allen Theilen Unrichtigkeiten enthält; hier ist zu erwähnen, dass Melanthons Erzählung über die nach dem Tode Eberhards im Bart erfolgten Vorgänge zu verwerfen ist. Des Nachweises bedarf es nicht, schon alle Biographen Reuchlins haben darauf aufmerksam gemacht [4]). Nur eine kurze

---

[1]) I, S. 64.
[2]) II, S. 348.
[3]) s. o. S. 29 fg., namentlich S. 31.
[4]) Schnurrer S. 16 fg., Meiners S. 58 ff., namentlich S. 60 A. †,

Gegenüberstellung soll gegeben werden. Melanthon erzählt, Eberhard d. Ä. habe in seinem Testamente bestimmt, der junge Ulrich solle ihm folgen; gegen diese Bestimmung sei Eberhard d. J. gefolgt, der einen Augustinermönch zu seinem Kanzler machte; vor seinen Nachstellungen sei Reuchlin geflohn [1]). In Wirklichkeit [2]) hatte Eberhard d. J. durch den Esslinger Vertrag 1492 vollkommenes Anrecht auf die Nachfolge und er machte davon Gebrauch; der Widerstand gegen ihn wurde nicht durch die ungesetzliche Art, durch die er zur Herrschaft gelangt war, hervorgerufen, sondern durch die willkürliche und grausame Regierungsweise, an der namentlich der Augustinermönch Holzinger Schuld haben mochte. Dessen Hass hatte sich Reuchlin hauptsächlich dadurch zugezogen, dass er 1488 unter dem Grafen Eberhard für seine Gefangennehmung thätig war.

Auch in dem Streite Reuchlins mit den Kölnern zeigen sich einzelne Unrichtigkeiten, obwol hier, wie oben [3]) gezeigt ist, das Thatsächliche unendlich dürftig ist. Falsch ist, wie in der angeführten Stelle bemerkt ist, dass das Reuchlinische *Gutachten* Hochstraten dazu gedient habe, einen Ketzerprocess anhängig zu machen, und alle folgenden Ereignisse, die nach Melanthons Erzählung nothwendig auf das Gutachten bezogen werden müssen, passen dem wirklichen Thatbestand nach nur auf den Augenspiegel. Aber auch dieser ist nicht, wie Melanthon berichtet, in Mainz, sondern in Köln verbrannt, und zwar erst im Febr. 1514, als der Process in Speyer bereits schwebte, nicht früher, wie Melanthon annimmt [4]).

Erhard S. 180—185, ohne Rücksichtnahme auf Melanthon, Mayerhoff S. 31 Anm. 1, Lamey S. 29, Oehler schweigt darüber.
[1]) Melanthon col. 1004.
[2]) vgl. Sattler, Gesch. Würt. unter d. Herzogen. I. S. 4 ff.
[3]) S. 40 fg.
[4]) col. 1008. Moguntiae corrogatis aliquot suae factionis hominibus comburit librum Capnionis. Dann fährt er fort: Postea Capnio luculentam oratonem Latinam ad Imperatorem edidit. Da damit nur

An einzelne Persönlichkeiten reihe ich am besten das an, was noch zu sagen ist, zunächst an *Argyropylus*. Er war von Geburt ein Grieche, und nach Italien gekommen, um in seiner Muttersprache zu unterrichten. Nicht gern scheint er es gesehen zu haben, wenn Fremde in dieser Kenntniss glänzten; als Reuchlin zu ihm kam und ihn durch seine reine Aussprache des Griechischen in fliessende Widergabe des Gelesenen in lateinischer Sprache überraschte, rief er seufzend aus: Durch unsere Verbannung ist Griechenland über die Alpen geflogen [1]). Ausführlich genug hat Melanthon diese Begegnung geschildert, aber er setzt sie in die 3. Reise nach Rom (1498) [2]), und das ist falsch. Zwar haben fast alle Biographen Reuchlins dies nachgeschrieben [3]) und der einzige, Erhard [4]), der es nicht

---

die defensio contra calumniatores Colonienses gemeint sein kann, die 1513 erschien, so ist Mel.'s Nachricht falsch.

1) Graecia nostro exilio transvolavit Alpes. col. 1005.
2) Nach der Erzählung des Unterrichts bei Obadja Sfurno führt er fort: Tunc etiam Romae audivit Argyropylum.
3) Mai p. 213, Schnurrer S. 20, Meiners S. 66, Mayerhoff S. 41, Lamey S. 35.
4) II, S. 173. Dasselbe gibt auch Oehler an S. 117 u. Anm. ***, sicher mit Unrecht. Als Bestätigung führt er den Umstand an, dass eben bei jenem Vorgang R. zuerst mit Questenburg bekannt geworden sein soll. Quelle für diese Nachricht, die Oehler nicht anführt, ist Melanthon, nicht in unserer Rede, sondern in der noch 2 Jahre später 1554 erschienenen Vorrede zu Procli paraphrasis in quatuor Ptolemaci libros (sie steht Corp. Ref. VIII. coll. 337—341), einem Buche, das Mel. in einer Handschrift des Jacob Aurelius Questemberg zur Veröffentlichung erhalten hatte, und sich daher veranlasst sieht, in der Vorrede einige Nachrichten über dessen Leben zu geben. Aber — wenn ich auch nicht läugnen will, dass die Bekanntschaft R.'s mit Q. erst 1490 statthatte — auf diese Angabe Mel.'s lege ich kein Gewicht, denn bei Argyr. hat R. (s. d. Folgende im Text) schon 1482 gehört, damals war Q aber noch gar nicht in Rom. Zudem ist auch das Weitere, das M. über Q. mittheilt, durchaus nicht zuverlässig. Er lässt ihn unter Alexander VI. nach Rom kommen, der bekanntlich erst von 1492 an Papst war, während es feststeht, dass Q. bereits 1490 einige Zeit in Rom war (denselben Fehler macht in-

thut, nimmt die 2. Reise nach Rom (1490) als die Zeit an, in der Reuchlin bei Arg. Unterricht gehabt hat, indess gibt eine Nachricht Reuchlins den erwünschten Aufschluss. In der oft angeführten Stelle, in der er seine Lehrer der griechischen Sprache der Zeitfolge nach aufzählt, erwähnt er den Argyropylus zwischen Hermonymus, den er 1477 in Paris, und Demetrius Chalkondylas, den er 1490 in Florenz hörte und fügt hinzu, er habe bei A. in Rom unter Papst Sixtus IV. Unterricht genossen [1]). Sixtus starb 1484, der Unterricht kann also nur in der ersten Reise Reuchlins nach Rom (1482), die er mit dem Grafen Eberhard von Würtemberg unternahm, stattgehabt haben.

Früher ist ein anderer Irrthum Melanthons bemerkt und gerügt worden. Melanthon berichtet, dass Reuchlin zu Basel in seinem Studium des Griechischen sehr durch die Bücher (Handschriften) gefördert wurde, die der Cardinal Nikolaus von Cusa zur Zeit des Baseler Concils dahin gebracht hätte [2]). Während Mai [3]) und noch Meiners [4]) kein Bedenken tragen, die Nachricht Melanthons als wahr anzunehmen — Schnurrer erwähnt nichts davon — hat schon Brucker [5]) dieselbe verworfen und den Namen Cusanus, den

---

dess noch Friedländer, Beiträge zur Reformationsgeschichte. Berlin 1837. S. 7 fg., auf den ich sonst in Beziehung auf Q. verweisen kann), er lässt ihn aus Bescheidenheit mediocri loco zufrieden sein, wozu ihn wahrscheinlich der Titel scriba verleitet hat, den Q. zwar führte, aber gerade als solcher eine sehr hohe amtliche Stellung bekleidete. S. das Nähere bei Friedl. S. 8, ohne Rücksicht auf Mel.; auch Meiners S. 65 Anm. *.

1) Rud. hebr. p. 547. Parisii a Georgio Hermonymo Spartiate, post Rome ab Argyropylo Byzantio publice in vaticano Thucydidem legente xysto IIII pont.; extremum Florentie Mediolanique a Demetrio chalcondyle.

2) col. 1002: ut in Graeca lingua diutius se exerceret. Eius rei facultas Basileae erat, quia ibi Graecos libros, quos Synodi tempore eo adferri curavit Nicolaus Cusanus, inspicere et describere poterat.

3) p. 13 und ausführlicher p. 161.

4) I, S. 49.

5) p. 360: Confudisse enim Melanchthonem Nicolaum Cusanum cum Nicolao Ragusio Cardinali.

Melanthon gibt, aus einer Verwechselung mit Ragusanus entstanden erklärt. Ragusa, der vom Papst Felix V. als Gesandter nach Constantinopel geschickt wurde, um die Griechen zur Theilnahme am Baseler Concil zu bewegen [1]) und der dann im Namen des Legaten Julian Cäsarini das Concil eröffnete, habe viele griechische Handschriften dem Dominikanerkloster in Basel geschickt. Das soll in keiner Weise bestritten werden, wie es auch von den späteren Biographen Reuchlins angenommen worden ist [2]). Nur das ist zu bemerken, dass Ragusa nicht, wie Brucker, und nach ihm die Späteren, schrieb, Nikolaus hiess — wodurch die Verwechselung mit Nikolaus Cusanus noch leichter schien —, sondern Johannes und dass er zur Zeit des Baseler Concils noch nicht Cardinal war, sondern die Würde erst später erhielt [3]).

Unrichtig, jedenfalls unklar, ist ein andrer Bericht. Melanthon erzählt, Reuchlin habe einen Bruder gehabt, Dionysius, und die Eltern, da sie nach Tüchtigkeit und Bildung strebten, hätten beide Söhne in den Wissenschaften unterrichten lassen [4]). Das führt, meine ich, nothwendig dahin, Melanthon die Annahme einer *gewissen* Gleichaltrigkeit der Söhne zuzuschreiben, wenn auch ein kleiner

---

[1]) qui cum Graecas litteras domi didicisset, a pontifice legatus Constantinopolim a Felice V. missus est, ut Graecos ab amplectendis Eugenii IV. partibus deterreret et ad synodum Basileensem invitaret. Brucker a. a. O.

[2]) Mayerhoff S. 11 u. Anm. 1, Erhard II, S. 155, Lamey S. 11.

[3]) Dafür und einiges im obigen behauptete, vgl. J. H. v. Wessenberg: Die grossen Kirchenversammlungen des 15. u. 16. Jahrhunderts. Neue Ausgabe. Constanz 1845. 2. Band. S. 300 u. Anm. 6. Dass Ragusa Johann geheissen, dafür auch Abbas Spanhemensis de scriptoribus ecclesiasticis in Trithemii Opera ed. Freher. Frankfurt 1601. vol. I. p. 355. Näher auf den Mann einzugehn ist hier nicht der Ort; zur Bestätigung will ich nur kurz auf Ochs, Geschichte von Basel. III. S. 238 hinweisen.

[4]) col. 1001: Parentes ut erant amantes doctrinae et virtutis filios curaverunt doceri literas.

Altervorrang des Johannes angenommen wird ¹). Während schon Mai ²) die Sache richtig darstellt, hat Meiners gesagt: „die Eltern waren wohlhabend genug, um ihre Söhne auf die lateinische Schule zu schicken" ³), melden die Athenae Rauricae, dass er *mit* seinem jüngeren Bruder der Schule anvertraut wurde ⁴), erzählen dasselbe Brucker ⁵) — sich sogar in den Ausdrücken Melanthon anschliessend — und Mayerhoff ⁶); die übrigen Biographen erwähnen davon nichts. Zu diesem Irrthum hat unzweifelhaft Melanthons Bericht Anlass gegeben; jedenfalls muss er als falsch zurückgewiesen werden. Denn als Johannes auf die Schule ging — das muss doch vor seinem Aufenthalt auf der Universität Freiburg, also vor 1470 ⁷), gewesen sein —, war Dionysius noch gar nicht geboren. Er wurde von Reuchlin erzogen, der ihn in Begleitung des Johann Streler zu seiner Ausbildung nach Italien geschickt hatte (1491) und von diesem regelmässige Berichte über den Fortgang der Studien erhielt ⁸). Er hatte ihn hier an bedeutende Männer, so an seinen eigenen früheren Lehrer Demetrius Chalkondyles empfohlen und erhielt von diesem die Zusage zu bereitwilliger Unterstützung ⁹). Und hier wird Dionysius als ein Knabe von so zartem Alter geschildert, dass sein Entlassen von der Umarmung der Eltern und Reuchlins dop-

---

1) das. Cum autem Joannes natu maior etc.
2) p. 6, in den Annotationes p. 140 führt er nur die bezüglichen Stellen dem Wortlaut nach an.
3) I, S. 46.
4) Cum fratre natu minore, Dionysio, ludo litterario commissus. p. 251.
5) a. a. O. p. 358. Parentes .. qui cum essent amantes virtutis et doctrinae nostrum cum fratre Dionysio Scholasticae institutioni tradidebant.
6) S. 3 fg. „von seinen frommen, biederen Eltern .. wurde er .. mit seinem jüngeren Bruder Dionysius erzogen."
7) s. o. S. 42 fg.
8) Die Briefe des Iohann Streler Epp. ill. vir. a 4ᵇ fg. vgl. oben S. 22 A. 2.
9) Epp. ill. vir. m 3 und o 4.

pelt wunderbar erscheine ¹). Diese Bezeichnung mag auf einen 20jährigen Jüngling noch passen, auf einen älteren jedenfalls nicht. Ich füge noch hinzu, dass Dionysius 1494 zu Tübingen Magister ²), und vermuthlich mit Johannes nach Heidelberg gekommen, dort 1498 erster Lehrer der griechischen Sprache wurde ³). — Also auch hier haben Mel.'s Worte wenigstens zu Irrthümern Anlass gegeben.

Zum Schluss möge noch eins erwähnt werden, wo Mel. das Richtige gemeint haben kann, aber durch seine Ausdrucksweise zu Verwechselung Anlass gegeben hat. Melanthon berichtet, dass Pikus von Mirandula sich wegen Entscheidung kabbalistischer Fragen an Reuchlin gewandt habe ⁴). Das ist jedenfalls unbestimmt, und, wie es später bezogen wurde, falsch. Denn schon Brucker, dann Mayerh. u. A. haben, wol darauf gestützt, die in der Briefsammlung sich findenden Briefe des Grafen Pikus von Mirandula ⁵) auf diesen älteren bezogen, während sie von dessen

---

¹) Epp. ill. vir. o 4: Quod enim puerum tam harum et tam tenera aetate procul a patria et a complexu parentum tuoque miseris, non mediocrem mihi facit admirationem.

²) Martin Crusius. Annales Sueuici. Pars III. lib. IX. cap. V. p. 499. Magistri facti Dionysius Reuchlin de Pforzen frater Johannis Capnionis . . 1494.

³) vgl. die hübsche und genaue Erzählung bei Lamey S. 32—34 und Hautz, Geschichte der Universität Heidelberg. I. S. 328 ff. vgl. über die Sorge Joh. Reuchlins für den Bruder auch noch in dieser Zeit Epp. ill. vir. g 3ᵇ. Sehr bedenklich scheint mir, was Vischer, Gesch. d. Univ. Basel S. 192 erzählt. „1488, eben als Jakob Locher Philomusus abging, war Johannes Reuchlins jüngerer Bruder Dionysius hingekommen und im Sommer 1490 zum Bakkalaureus promovirt worden." Ich weiss nicht, woher Vischer die Angabe entnommen hat; dass 2 Jahre später dem zum Bakkalaureus Promovirten ein Erzieher mitgegeben wird, ist damit unvereinbar.

⁴) col. 1010: Picus Mirandulanus quia Ebream linguam norat, multa ab eo sciscitatus est de reliquiis veteris doctrinae, quam Cabalam nominant. Die Ausdrucksweise ist etwas sonderbar. Quia — norat ist jedenfalls wie das ab eo auf Reuchlin zu beziehen.

⁵) Epp. ill. vir. b 1 und t 2, die Antwort Reuchlins auf letzteren t 3. Von der Freundschaft des älteren Pikus mit Reuchlin ist

Neffen Johannes Franciskus herrühren. Da dieser viel weniger berühmt war, als sein Onkel, so hätte Melanthon jedenfalls — wenn er nicht selbst die Verwechselung gemacht hat — die Unterscheidung andeuten müssen.

Im Ganzen sehen wir, bei dem in der Rede in ziemlich geringem Masse gebotenen Thatsächlichen findet sich viel Falsches, Verwirrungen, Irrthümer, Verwechselungen, die um so nachtheiliger waren, als viele Spätere sich von der Autorität Melanthons haben verführen lassen, das Falsche nachzuschreiben.

---

viel geredet worden; Oehler S. 111 Anm. * und S. 112 Anm. † weist mit Recht darauf hin, dass nur eine flüchtige Bekanntschaft 1490 zwischen Beiden stattgehabt hat, dass ein Anknüpfen von Beziehungen 1482, wie es Mai und nach ihm Andre angenommen haben, in keiner Weise bewiesen werden kann. Ich füge noch hinzu, dass in der Briefsammlung des Pikus, Leipzig bei Val. Schumann 1516, sich keine Erwähnung Reuchlins findet, dass Joh. Franz. Pikus, der Biograph seines Oheims, in der allen Ausgaben der Werke voranstehenden Lebensbeschreibung, von einer Bekanntschaft mit Reuchlin Nichts zu erzählen weiss. Es ist darum nicht hart genug zu verurtheilen, wenn z. B. noch Erhard, nachdem er erzählt (S. 242), wie R. den Pikus 1482 „als einen talentvollen etc. Jüngling kennen gelernt", fortfährt, „dass dieser ihm mit dem vorleuchtenden Beispiel eigener begeisterungsvoller Forschung zur Seite stand", und schliesst „die freundschaftliche Verbindung mit Beiden" (P. u. Marsilius Firinus), aber begleitete ihn zurück nach Teutschland, und blieb, so lange jene Männer noch lebten, „die anregende Gefährtin seines wissenschaftlichen Lebens!"

Die weitere Consequenz des durch Melanthon hervorgerufenen Irrthums ist die Annahme, R. habe dem Pikus Anregung zur Beschäftigung mit der Kabbalah gegeben, doch haben Lamey S. 88 A. 10 u. Oehler S. 112 das Richtige gezeigt.

V.
Zurückweisung ungerechter Vorwürfe, die der Rede gemacht sind.

Haben wir so gesehen, dass Unrichtigkeiten mannigfacher Art in der kurzen Rede sich finden, so muss man sich hüten, gute Angaben zu verdächtigen, in klare Aeusserungen einen falschen Sinn zu legen. Hier sind drei Vorwürfe zurückzuweisen:

1. Melanthon berichtet: Ibi (Pfortzhemii) ex parentibus honestis Capnio natus est [1]). Einfach erklärt will das nur bezeichnen, dass die Eltern ehrbar, ehrenhaft waren; dass sie einem angesehenen Stande angehörten, braucht damit gar nicht ausgedrückt zu sein. Nun wollte Gehres [2]) in einer alten Nachricht gefunden haben, dass Reuchlins Vater ein „gemeiner Bote" gewesen sei. Daraus hat Mayerhoff [3]) einen „gewöhnlichen Boten" gemacht und gemeint, dass dies zu der späteren, etwas dürftigen Lage des Reuchlin wol passe [4]). In Bezug auf das Erstere hatte schon Förstemann [5]) mit Recht darauf aufmerksam gemacht, dass Gehres hinzufüge, Reuchlins Eltern seien wohlhabende und angesehene Leute gewesen; gemeiner Bote erklärt er als: „ein Bote des Gemeinwesens" (der res publica), also ein

---

[1]) col. 1001.
[2]) Pforzheims kleine Chronik. S. 153.
[3]) S. 4 u. Anm. 1.
[4]) Das soll sich vermutblich auf die Universitätsjahre beziehen, und, um praktisch zu sprechen, der Umstand, dass Reuchlin sich durch Ertheilen von Unterricht sein Brot verdiente, zeigen, dass er keinen Zuschuss von Hause erhielt. Das mag immerhin möglich sein, beweist aber das von Mayerhoff Aufgestellte in keiner Weise.
[5]) a. a. O. S. 928.

Rathsdiener oder Gerichtsbote. Diese Angabe wird indess nach Reuchlins eigenen Aussagen zu beschränken sein. Aus der einen, dass seine christlichen Eltern Bürger der Stadt Pforzheim gewesen seien [1]), ist wol nicht viel zu machen, aus der andern geht deutlich hervor, dass Reuchlins Eltern im Dienste der Dominikanermönche standen [2]). Andere Umstände machen es wahrscheinlich, dass der Dienst kein geringer war und dass Melanthon in jedem Falle sie als honesti bezeichnen konnte, selbst wenn er damit den Stand ausdrücken wollte.

2. Melanthon erzählt, wie Reuchlin nach Paris gekommen sei. Auf dieser Hochschule habe zuerst Gregorius Tiphernas im Griechischen unterrichtet; sein Amtsantritt wird etwas eingehend geschildert. Dann folgen die Worte: Successerat autem Tiphernati Hermonymus Spartiata, hunc adolescens Capnio audivit [3]). Die Worte sind so klar, dass man nicht begreift, wie sie missverstanden werden konnten; nichtsdestoweniger hat Mayerhoff behauptet, Melanthon sage fälschlich, Reuchlin habe den Tyfernas — wie Mayerhoff schreibt — gehört [4]). Deswegen hat ihn schon Förstemann [5]) gebührend abgefertigt und Melanthon gerechtfertigt, dem ich mich anschliesse.

3. Reuchlins Gesandtschaft nach Rom von Heidelberg aus, soll, nach Melanthon, geschehen sein, um den päpstli-

---

[1]) Rud. hebr. Einl. z. 1. Buch. p. 4. Er spricht von sich und seinem Bruder ex parentibus christianis Georgio et Elissa Phorcensis municipii civibus prognatis.

[2]) An Conrad Collin Epp. ill. vir. g 1ᵃ mihi conscius .... parentes meos Fratrum ordinis (nämlich praedicatorum) bona fide ministeriales fuisse, apud quos et in christo requiescunt. Auf diese Stelle hat Lamey S. 86 fg. Anm. 3 aufmerksam gemacht, worauf ich verweise. Ich bin seiner klaren Darlegung im Texte gefolgt; ihm schliesst sich auch Oehler S. 107 an.

[3]) col. 1002.

[4]) S. 6 Anm. 2. Wer „die andern", die Melanthon in dieser Angabe folgten, von denen Mayerhoff spricht, gewesen seien, kann ich nicht sagen, ich habe dieselbe nirgends gefunden.

[5]) S. 925.

chen Dispens zur Heirath des Pfalzgrafen Ruprecht, Sohn Philipps, mit Elisabeth, Tochter Herzog Georgs von Baiern, seiner nahen Verwandten, zu erwirken [1]). Indess vergisst Melanthon nicht, zu erwähnen, dass Reuchlin in Rom eine später gedruckte Rede [2]) gehalten habe, über das Verdienst der Pfalzgrafen von Baiern gegen die Kirche [3]). Den Zweck derselben berichtet Melanthon nicht, und das mag ihm zum Vorwurf angerechnet werden; ein einfacher Einblick in die Rede lehrt, dass sie gehalten wurde, um Klagen des Klosters Weissenburg zu nichte zu machen, und um eine Zurücknahme des von diesem Kloster gegen Philipp erwirkten Bannes zu verlangen. Beide Nachrichten zu vereinigen hat man schon früh versucht, bereits Mai [4]) erwähnt beide nebeneinander und darin ist ihm Brucker [5]) gefolgt. Dagegen haben andere, ohne auf den Bericht Melanthons Rücksicht zu nehmen, als Grund der Gesandtschaft — allein der Reuchlin'schen Rede folgend — die Weissenburger Angelegenheit angenommen [6]), — Meiners und ihm folgend Mayerhoff haben die Ansicht Melanthons bekämpft und als unrichtig zurückgewiesen [7]). Dazu liegt nun freilich kein Grund vor. Denn die Hochzeit Ruprechts mit Elisabeth war gewiss schon damals im Plan — sie wurde im nächsten Jahre 1499 wirklich vollzogen —, und ein päpstlicher

---

[1]) Secutae sunt deinde in aula Palatina deliberationes de coniugio Ruperti et filiae Ducis Bavariae Georgii. Cumque Romani Pontificis autoritate comprobari id coniugium vellent, Capnio legatus Romam missus est. col. 1005.

[2]) Den Einzeldruck habe ich nicht gesehen, die Rede ist abgedruckt Epp. ill. vir. n 3b — o 4a.

[3]) Oratio Capnionis de Palatini et nobilissimae familiae Ducum Bavariae reverentia erga Ecclesiam, recitatam coram Pontifice, extat ab Aldo edita. col. 1005.

[4]) p. 210.

[5]) p. 362. .. partim propter nuptias Ruperti etc. partim propter litem electori a monarchis Weisenburgensibus intentatam.

[6]) Schnurrer S. 19, Erhard II, S. 194, Lamey S. 35.

[7]) Meiners I, S. 64, Mayerhoff S. 39 A. 1, natürlich ohne Meiners anzuführen.

Dispens dazu nothwendig. Ob ein eigener Gesandter dazu nöthig war, mag bezweifelt werden, aber durchaus wahrscheinlich ist, dass Reuchlin beauftragt war, diese Angelegenheit mit ins Reine zu bringen, während wol sein Hauptaugenmerk darauf gerichtet sein sollte, die Weissenburger Sache, die schon mehreren Reichstagen[1]) vorgelegen hatte, zu Ende zu führen.

VI.
Allgemeine Würdigung der Rede. Benutzung derselben bei den Späteren.

Nach Durchnahme aller Einzelheiten mag nun eine allgemeine Betrachtung am Platze sein. Thatsachen, die für das Leben Reuchlins in Betracht kommen, und die, wenn sie nicht durch diese Rede bekannt gemacht worden, vielleicht unbekannt geblieben wären, bietet die Rede sehr wenig, und was sie bietet, ist nicht gerade von erheblicher Wichtigkeit. Am meisten noch die Beziehungen Reuchlins zu Wessel in Paris, wenn auch hier Falsches mitunterläuft; dass Hermolaus Barbarus den Namen Reuchlin in Capnio verwandelt habe; der eben besprochene Grund für die Gesandtschaft nach Rom 1498. Dem sind hinzuzufügen die näheren Umstände der Heranziehung zum würtembergischen Hof, die anmuthige Erzählung der Begegnung Reuchlins mit Argyropylus, die Nachrichten, die ge-

---

[1]) Ich habe in den Reichstagsakten von Worms 1497 und Freiburg 1498 im Frankfurter Archiv Tom. XVII u. XVIII recht interessante Einzelheiten über diese Angelegenheit gefunden, die hier nicht zu verwerthen waren.

gen Schluss der Rede über Reuchlins Bibliothek gegeben werden, die, wenn sie auch von Mai erweitert wurden, doch als die ältesten hier ihren Platz finden sollen. Das ist aber auch Alles. Sämmtliche übrige Nachrichten sind uns durch andere Zeugnisse bekannt; an wie vielen Stellen dieselben berichtigt, eingeschränkt, ja ganz verworfen werden müssen, ist oben im Einzelnen dargelegt.

Betont soll werden: die Lebensbeschreibung, deren Kritik uns in der vorangehenden Untersuchung beschäftigt hat, ist in Redeform. Nicht alles Thatsächliche kann eine Rede berühren, nur in grossen Strichen wird das Wichtige hervorgehoben werden können, das Unwichtige muss zur Seite bleiben. Aber man kann nicht sagen, dass dies hier geschehen ist. Wol werden die Hauptpunkte berührt, aber neben ihnen findet Vieles seine Stelle, was an Bedeutung diesen nicht gleichkommt, während Anderes, was mit Letzterem auf derselben Stufe steht, nicht erwähnt wird. Und namentlich eins: die Rede ist knapp, und das mag manche Auslassung entschuldigen und würde es wol thun, wenn nicht der ohnehin so karg bemessene Raum durch vieles Ungehörige noch verkürzt würde. Das kann in Zweifel gezogen werden. Wenn, möchte man sagen, einer solchen Rede, die vor einem grossen Hörerkreise, an den sie sich richtet, einen demselben unbekannten, vielleicht fernliegenden Gegenstand besprechen will, z. B. eine längere Einleitung vorangeht, so ist das nur in der Ordnung. Aber streng genommen gehen nicht weniger als drei Einleitungen der eigentlichen Rede voran. In der ersten wird die Nützlichkeit, frühere Ereignisse zur Erklärung der gegenwärtigen heranzuziehen, gezeigt, in der zweiten die schlimmen, schon durch die Stellung der Himmelszeichen angedeuteten, Zeiten beklagt und göttliche Hülfe zu ihrer Abwendung erbeten, erst in der dritten wird auf den Plan, eine Lebensgeschichte Reuchlins zu liefern, eingegangen. Geht wirklich durch diese als Einleitung dastehenden Sätze ein Gedanke, so ist er so lang ausgesponnen, dass man seiner nicht recht habhaft werden kann, zu lang, selbst wenn man das könnte, für den übrigen Umfang der Rede.

Nicht Voreingenommenheit gegen Melanthon ist es, die mich zu einem strengen Urtheil über die Rede veranlasst, die Kritik übt nur, wo sie herausgefordert ist, ihr Recht. Ich betone hauptsächlich, dass der Verf. der Rede Schüler und naher Verwandter des zu Schildernden war; seines, des Heros deutscher Wissenschaft und Gelehrsamkeit, wie die Zeitgenossen ihn gepriesen hatten, durfte nicht in einer blossen Schulübung gedacht werden, voll und ganz musste sein Bild den Hörern entgegentreten, seine Geschichte musste gegeben werden: als solche kündigt sich die Rede auch an historiam continens Jo. Capnionis.

Ich kehre zu dem Ausgangspunkt zurück. Nach der Einleitung werden wir nicht sogleich in die Lebensgeschichte eingeführt, ein Schilderung des Landstriches, in dem Pforzheim, die Geburtsstadt Reuchlins, liegt, geht der Erzählung der Jünglingszeit Reuchlins vorher. Aber kaum haben wir erfahren, dass er die Universität Paris bezog, so werden wir durch eine Berührung der ersten Schicksale des Tiphernas in Paris unterbrochen, und da wir eben R. Lehrer daselbst kennen gelernt haben, wird uns, nach Erwähnung des Namens Wessel, Verschiedenes über diesen geboten. Das mögen alles Nachrichten sein, die ihren Werth beanspruchen können, aber in einer so kurzen Biographie Reuchlins verdienen sie ihren Platz nicht. Von da fliesst die Erzählung ruhig fort — nur die Erzählung von Reuchlins Aufenthalt in Heidelberg gibt Anlass zu einer Apostrophe über die Verschiedenheit der Fürsten — bis zur Erwähnung von Reuchlins hebräischer Grammatik, dass bei dieser Gelegenheit einige Worte über den Werth des hebräischen Sprachstudiums gesagt werden, ist ganz in der Ordnung. Weniger passend ist es, dass die ausgesprochene Absicht den Reuchlinischen Streit zu beschreiben, zu einer längeren historischen Begründung des Satzes führt, dass die Guten von den Schlechten angefeindet werden. Dass bei der Schilderung von Reuchlins Bibliothek Nachrichten über den Inhalt einzelner Bücher gegeben werden, soll nicht urgirt werden, obgleich es zum vollständigen Erkennen des Werthes der Bücher in keiner Weise hinreicht und zu einer Würdigung Reuchlins auch kaum gehören möchte. Dass dagegen am Schluss einige Bemerkungen hinzugefügt werden, die den Unterschied des eisernen Zeitalters, das die Erbschaft des grossen Reformators durch kleinliche Streitigkeiten zu verkümmern anfing, von dem goldenen Zeitalter der Wiedererweckung der Wissenschaften, in dem Reuchlin lebte und zu seiner Gestaltung eifrig thätig war, mit treffenden Zügen schildern, ist nur zu billigen. Im Ganzen aber sehen wir, die zahlreichen Einschiebungen und Abschweifungen haben zur Erhöhung des Werthes der Rede nichts beigetragen. Des Werthes der Rede als eines historischen Zeugnisses, denn nur darum kann es sich hier handeln. Ob die Hörer oder Leser sie weniger gebilligt haben würden, wenn diese Ausschmückungen gefehlt hätten, weiss ich nicht — mir ist überhaupt keine Aeusserung eines Zeitgenossen über dieselbe bekannt. Wenn ich aber unseren Massstab an die Rede auch als reines Kunstprodukt anlegen darf, so muss ich entschieden alle Einschiebungen und Abschweifungen als ungehörig bezeichnen — nur die Einleitungen mag ich dann als oratorisch berechtigt gelten lassen — sie waren bedingt durch die Form der akademischen Gelegenheitsrede, in die der Gegenstand gezwängt werden sollte.

Sehen wir nun, wie sich die Späteren zu dieser Rede verhalten haben, so ist von vornherein zu bemerken, dass keiner eine kritische Würdigung derselben als Ganzes und im Einzelnen versucht hat. An allgemeinen Bemerkungen haben sie es nicht fehlen lassen [1]), die meist mit denselben Worten darauf hinausgehen, dass die Rede nicht so zuverlässig sei, wie man es von einem so nahen Verwandten Reuchlins erwarten sollte; wie sie sich zu den einzelnen

---

[1]) Schnurrer S. 6. Meiners I, S. 45 Anm. *, Erhard II, S. 147 Anm. *, Mayerhoff S. 20 Anm. 1.

Angaben derselben gestellt haben, ist oben eingehend nachgewiesen worden. Darum soll hier auf diese so wenig wie auf das umfangreiche Werk von Mai noch einmal eingegangen werden; nur das Verhältniss der 3 ältesten, kürzeren Lebensbeschreibungen Reuchlins zu unsrer Rede mag mit einigen Worten erwähnt werden.

Dass Melchior Adam [1]) seine Nachrichten über Reuchlin sämmtlich aus der Rede Melanthons entnommen, hat schon Burckhardt [2]) bemerkt. Wie er dabei zu Werke gegangen, ist charakteristisch genug. Nur eine Nachricht hat er hinzugefügt, Geburtsjahr und Tag Reuchlins [3]). Doch hat er die Rede nicht wörtlich aufgenommen. Er hat einiges unnütze Beiwerk entfernt, seine Rede beginnt erst mit der Schilderung Pforzheims, die Inhaltsangabe eines Werkes aus Reuchlins Bibliothek, der bei Melanthon zu viel Worte gewidmet sind [4]), findet bei ihm keine Stelle, auch die Schlussworte, die ein kurzes Gebet enthalten, gibt er nicht. Aber sehr schlau hat er alle Stellen der Rede, wo Melanthon ein Urtheil abgibt, wo er überhaupt in erster Person spricht, zu umschreiben gewusst oder einfach ausgelassen. Bei der Erwähnung von Reuchlins Schwester Elisabeth fügt Melanthon hinzu quae non ita multo ante ex hac vita decessit, col. 1001. Das konnte Adam, der 60 Jahre später schrieb [5]), nicht mehr sagen, ebensowenig von den Werken Wessels, sie seien jetzt erschienen, was Mel. wol [6]) sagen konnte. Wenn Melanthon sagt, er urtheile,

---

[1]) Melchioris Adami Vitae Philosophorum.

[2]) De linguae latinae in Germania fatis p. 139 Anm. ff.: Melanth. Declamationes, unde M. Adamus omnia, quae de Capnione in vita (!) Philosophorum profert, desumpsit. Ich mache darauf aufmerksam, dass B. ganz richtig Adamus schreibt, während viele sich durch den Titel (s. o. A. 1) haben verleiten lassen, den Mann Adam zu nennen.

[3]) s. o. S. 16.

[4]) s. o. S. 73.

[5]) Die erste Ausgabe seiner vitae philosophorum erschien zu Heidelberg 1615.

[6]) col. 1002. Er spricht von der Anerkennung des Geistes Wes-

dass Reuchlin sich durch seine hebräischen Werke um die Kirche und die ganze Nachwelt verdient gemacht habe [1]), so stellt Adam letzteren Satz als positiv hin und lässt das Urtheil aus; Melanthons Würdigung des Werths hebräischer Sprachkenntniss [2]) findet bei Adam keine Stelle. Bei der Erwähnung des Streites Reuchlins mit den Kölnern zieht Melanthon eine Parallele mit seiner Zeit [3]), Adam hat sie ausgelassen; einige Worte gegen Schluss der Rede, die den Werth des Gedächtnisses an Reuchlin zeigen sollen, sind bei Adam zurückgeblieben [4]); selbst das Wort dixi [5]), das Mel. bei nochmaliger Erwähnung eines schon vorher erzählten Ereignisses braucht, musste weichen. Fast kindisch mögen diese Bemühungen Adams erscheinen, alles Persönliche, woran die Rede Melanthons ohnedem nicht allzureich ist, zu verwischen, aber es zeigt, meiner Meinung nach, dass Adam hier eine grobe Täuschung beabsichtigt und die Welt habe glauben machen wollen, was er liefere sei sein eigenes Werk, während er sich nur die Mühe nahm, das Werk eines Andern einiger Zusätze zu entkleiden. Auch ein paar

---

sels durch Reuchlin, quem quidem recte de eo iudicasse, *nunc editis Wesseli scriptis melius intelligi potest.* (Adam lässt nur das Wort nunc aus.) Welche Ausgabe Melanthon meint, weiss ich nicht; vielleicht ist danach Mayerhoffs Angabe S. 9 Anm. 1 zu beschränken.

[1]) col. 1006: Ilis operibus iudico bene meritum esse de ecclesia et de tota posteritate. Bretschneider schreibt iudicio, was aber gar keinen Sinn gibt. Adam lässt iudico aus und sagt daher meritus est.

[2]) Der ganze Absatz: Etsi autem copiose — multi erudiuntur. col. 1006.

[3]) col. 1007: De his malis brevius dico, quia nostra aetas abundat exemplis, ut autem nihil dicat atrocius.

[4]) col. 1010: Hanc eius historiam spero vos libenter cognoscere: nam et propter ipsius virtutem et propter merita decet eius memoriam conservari.

[5]) col. 1010 Z. 19 v. o., ebenso 1009 Z. 18 v. u.: ac ut de caeteris non dicam. Denn geht bei Mel. vorher Et alia quaedam und folgt Est ibi historia, das hat Adam zusammengezogen quaedam, inter quae praecipua est historia.

Fehler hat er gemacht, den Jehiel Loans nennt er Jephiel, statt Castellus ¹) sagt er Capellus; einige willkürliche Aenderungen sind kaum der Erwähnung werth ²). Ungleich viel selbständiger ist Johannes Bismark ³). Zwar gibt er viele kleinere Stellen ganz wörtlich aus Mel. wieder, und benutzt in andern das von diesem gegebene sehr stark, doch wo er 2 grössere Stellen wörtlich wiedergibt, die Begegnung mit Argyropolus und einen Theil des Streites mit den Kölnern, sagt er ausdrücklich, dass er dies aus der Rede entnommen habe. Und Melanthon ist, wenn auch seine Hauptquelle, doch nicht der einzige gewesen, aus dem er geschöpft hat, er gibt selbst Sleidan an, dem er auch das richtige Todesjahr 1522 entnimmt. Auch Reuchlins eigene Notizen hat er benutzt, so bei Erzählung der ersten Reise nach Rom, und des hebräischen Unterrichts, den Reuchlin bei Sphurno genommen. Eine Ausgabe der Scenica progymnasmata, die er gebraucht zu haben versichert, führt er auf; über Melanthon und andere Schüler Reuchlins gibt er einige Nachrichten (E 1ᵇ); über den Triumphus Capnionis, die Acta judiciaria finden sich eigene Bemerkungen, an die sich eine, nicht aus Melanthon entnommene Würdigung Reuchlins reiht.

Am schamlosesten ist wol Melanthon von einem Ungenannten geplündert worden, dessen Schriftchen Struve ⁴) mittheilt. Denn während die beiden oben behandelten Melanthon wenigstens erwähnen, hält dieser das auch nicht

---

¹) Mel. 1005 Z. 7 v. o.
²) Zunächst s. o. S. 75 A. 5. col. 1008 Z. 18 v. o. lässt er edita aus, col. 1005 Z. 2 v. u. schreibt er Wirtebergensis aula, statt der Worte Melanthons Ut autem iuniores sciant quae fuerit controversia, dicam veras occasiones eius rixae col. 1007 sagt er: Ut autem ab ovo sciatur, quae fuerit controversia; repetendae sunt occasiones eius rixae. statt col. 1005: Venio nunc ad ultimum Capnionis certamen, quod fuit de libris etc. sagt er Ultimum C. c. fuit de etc.
³) s. o. S. 8 Anm. 2 den vollständigen Titel.
⁴) Historia Certaminis Reuchliniani breviter enarrata in: G. B. Struvii Acta literaria ex Mss. eruta. Fasc. II. p. 97—107. Jenae 1705.

an einer Stelle für nöthig. Nichtsdestoweniger sind fast alle seine Angaben aus Mel. geflossen, das einzige, was er ganz selbständig hinzugefügt hat, sind §§ 18 u. 19, wo er in dem ersten den Tod Hochstrassens berichtet und eine Aeusserung des Erasmus darüber anführt [1]), in dem letzteren ein Urtheil desselben über den Reuchlinischen Streit erwähnt. Als eigene Zuthat mag noch das Hinzufügen der Jahreszahlen betrachtet werden, die freilich spärlich genug sind und hier übergangen werden können. Nur das Eine will ich anführen, dass er als Todesjahr Reuchlins 1512 hat, wahrscheinlich Schreib- oder Druckfehler für 1521 aus Melanthon, und während er die Meinung Einiger anführt, dass Reuchlin damals 67 Jahr alt gewesen sei und die Anderer, Reuchlin hätte schon das 70. Jahr überschritten, hält er selbst hier nicht einmal für nöthig, Melanthon namhaft zu machen [2]).

Die Benutzung Melanthons ist selten ganz wörtlich, oft werden grössere Sätze zusammengezogen, aber die Hauptwörter beibehalten, oft nur im Allgemeinen das bei Mel. Gegebene wieder erzählt [3]). Manchmal geht freilich die Be-

---

[1]) Brief an Joh. v. Lasko. Er steht Opera Erasmi ed. Lugduni Batavorum. 1703. III. col. 979. Epp. DCCCLXII. Als Todestag H.'s gibt der Ungenannte bei Struve fälschlich den 17. Mai 1527; an diesem Tage meldet bereits Erasmus aus Basel den früher erfolgten und ihm mitgetheilten Tod. Nach Jacobus *Echard:* Scriptores ordinis Praedicatorum recensiti. Paris 1721. II. S. 67 starb H. zu Köln 21. Januar 1527.

[2]) § 16. Anno 1512 die 30 Junii Stutgardiae aedibus suis ex hac vita decessit, cum annum aetatis ageret 67, ut quidem volunt. Alii autem illum 70 annum egressum fuisse scribunt. Zum Beweis für die sonstige Flüchtigkeit des Autors diene, dass er *beim Abdruck* eines Briefstücks des Erasmus (der Brief steht Opp. Lugd. Bat. III, 146) S. 104 Z. 5 contigit schreibt für condidit, Z. 7 ergo für igitur, Z. 8 habetur für videtur, dass er den Galatin Palatinus, Wessel Desselus, Arnold von Tungern Tuncarus und Hochstraten Hogostradus nennt!!

[3]) Hinzuweisen ist darauf, dass der Aufsatz nur eine Erzählung des Reuchlinischen Streites sein will, das frühere Leben wird nur in den ersten 4 §§ behandelt.

nutzung so weit, dass er selbst das Bild des majus incendium, den Tetzel anzündete, beibehält ¹). Ein anderes Beispiel führe ich hier an, worin der ungenannte Verfasser zugleich sein mangelhaftes Verständniss in Benutzung der Quelle zeigt. Nachdem er gezeigt, dass Reuchlin vor den Nachstellungen eines gewissen Augustinermönches seines Lebens nicht sicher nach dem pfälzischen Hofe floh, von hier aus als Gesandter nach Rom ging, und den Aufenthalt in Rom zu seiner weiteren Ausbildung im Hebräischen benutzte ²), lässt er *nochmals* etwas ausführlicher, wesentlich gleichlautend mit Mel. die Befürchtung vor den Nachstellungen des Mönches folgen, wie dieser Reuchlin ins Gefängniss steckt, aus dem Reuchlin aber auf blosse Warnung seiner Freunde nach dem pfälzischen Hofe entflieht! ³).

---

¹) Mel. col. 1009. Struve § 15.
²) § 3. Er schliesst mit Mel. col. 1005 deditque didactra pro singulis horis singulos aureos.
³) Er fährt nach den Anm. 2 angegebenen Worten fort: Monachus autem hic videns per Reuchlinum et alios probos viros apud Imperatorem Maximil. id agi, ut remoto successore substitueretur Ulricus, quem ipse Princeps Eberhardus in testamento suo designauerat, insidiabatur vitae Reuchlini eumque in carcerem detrudere conabatur (dafür Mel. col. 1004: quem cum decrevisset in carcerem abducere) Reuchlinus igitur monitus ab amicis, fugit in aulam Palatinam.

Inhalt.

		Seite
I.	Verfasser der Rede. Allgemeine Würdigung des Verhältnisses von Melanthon zu Reuchlin	7
II.	Chronologische Angaben	15
III.	Vollständigkeit der Angaben	35
IV.	Unrichtige Angaben	47
V.	Zurückweisung ungerechter Vorwürfe, die der Rede gemacht sind	67
VI.	Allgemeine Würdigung der Rede. Benutzung derselben bei den Späteren	70

Druck der Universitäts-Buchdruckerei von E. A. Huth.